Melusina

Diccionario
de los
sueños
para adolescentes

qué significa lo que sueñas

SELECTOR ®
actualidad editorial

SELECTOR®
actualidad editorial
Doctor Erazo 120 Colonia Doctores México 06720, D.F.
Tel. (52 55) 51 34 05 70 Fax. (52 55) 57 61 57 16
LADA SIN COSTO: 01 800 821 72 80

DICCIONARIO DE LOS SUEÑOS PARA ADOLESCENTES
Autor: Melusina
Colección: Esoterismo

Diseño de portada: Víctor Manuel Montalvo Flores Magón
Crédito de fotografía: istockphoto

D.R. © Selector, S.A. de C.V., 2009
        Doctor Erazo 120, Col. Doctores
        C.P. 06720, México, D.F.

ISBN: 978-607-453-015-5

Primera edición: 2009

	Sistema de clasificación Melvil Dewey
154 M522 2009	
	Melusina *Diccionario de los sueños para adolescentes* / Melusina Cd. de México, México: Selector, 2009. 216 pp. ISBN: 978-607-453-015-5 1. Procesos del subconsciente. 2. Psicología. 3. Sueños.

Introducción

¿Sabes por qué no podemos recordar los sueños?
Porque los sueños nos olvidan en cuanto se quedan solos.

Todas las noches después de tus actividades, tras haber trabajado o estudiado durante el día y hecho tu mejor esfuerzo, te acuestas, pones la cabeza en la almohada, te duermes y... sueñas, aunque no lo recuerdes.

Soñar es como realizar un viaje encantado a través de maravillosos mundos, donde lo imposible se hace posible; pues cuando sueñas vives tus propias aventuras: escalar, gritar bajo el agua, pelear con espadas o caminar sobre los árboles. Es como ir de vacaciones ¡sin tener que cargar con las maletas!

Pero aunque llevamos millones de años soñando, todavía los científicos no se ponen de acuerdo en qué es exactamente lo que nos pasa mientras dormimos.

Mas como a curiosos nadie les gana, desde hace muchos años, en sus laboratorios, conectan a los dormilones a varios aparatos para medir si están relajados, a qué ritmo les late el corazón, si su cerebro tiene actividad eléctrica o qué temperatura tiene, si las hormonas de crecimiento siguen funcionando, etcétera.

Han de tener el sueño muy pesado esos dormilones porque, ¿cómo pueden dormir conectados a tanto cable?

Pero en fin, uno de los datos curiosos que han obtenido es que mientras dormimos gastamos 100 calorías por cada kilo de nuestro peso (sin ronquidos) ¡para que luego digan que no hacemos nada!

También han estudiado el insomnio y a quienes se duermen en cualquier momento (hasta parados como los caballos) sin poderlo evitar.

El poder psíquico de los sueños

Tú sabes que dormir es bueno para tu salud, incluso que tiene poderes curativos, pero a nivel psíquico, mientras sueñas, también se pueden manifestar tus poderes psíquicos (que habitualmente no tienes cuando no estás durmiendo), como la telepatía (imágenes del pensamiento de otra persona que tú captas en tu cerebro) y hasta conocer el futuro, lo que se suele llamar premonición.

Cuando sueñas salen a pasear tus recuerdos y emociones en forma de símbolos. Esos símbolos te comunican algo, te advierten y previenen y a veces adelantan sucesos de tu vida.

Ellos tratan de llamarte la atención sobre asuntos importantes, ya que expresan cosas de ti mismo de las cuales no estabas enterado o se refieren a problemas que debes solucionar.

Es fabuloso poder utilizar los sueños para adentrarte en tu interior y conocerte mejor, saber cuáles son tus miedos y superarlos, y además prever eventos futuros.

Pero, ¿cómo? Los sueños por lo general son un montón de anécdotas complicadas e imágenes absurdas que apenas podemos entender y, raras veces, descubrir, ¿cómo puedes interpretarlos?

Elaboré este diccionario para ayudarte a descubrir los secretos ocultos en tus sueños, para que te conozcas mejor y transites la vida con plena conciencia y seguridad interior. Lo primero que tienes que saber es qué tipo de sueño es.

Premonitorio

Es uno de los sueños que más te pueden inquietar, ya que te permiten "ver" el futuro. Son avisos que te ponen en alerta para evitar un peligro; o si es un feliz anuncio, para que sepas que tus deseos van a cumplirse o vas a vivir algo bonito, muy pronto porque los sucesos suelen ocurrir en la vida real al poco tiempo de haberlos soñado.

Muchas veces ese futuro no se ve tal cual va a suceder, sino que es representado por símbolos. Para interpretarlos tienes que servirte de la oniromancia, el arte adivinatorio de revelarnos el significado de los símbolos que contiene tu sueño y de tu intuición. Precisamente es el arte que estás aprendiendo ahora a través de este libro.

Para que te des una idea del poder de la oniromancia, te voy a relatar una de las más famosas interpretaciones de un sueño premonitorio de la historia, que realizó Daniel sobre el sueño de Nabucodonosor.

Hace muchos siglos, el rey de Babilonia había visto en sueños una imagen extraña: un árbol gigantesco derribado por orden de Dios, quien añadía: "Atadlo con cadenas, arrancadle el corazón y que coma la yerba".

Al conocer Daniel esta pesadilla declaró que significaba que, en castigo a su orgullo, sería reducido a la condición de los animales.

El Antiguo Testamento señala que ciertamente el rey se volvió loco y se marchó al campo, donde vivió como un animal. No es un desvarío, en verdad se cumplen.

Astral

Cada noche puedes ir a lugares distintos, aunque no lo recuerdes al despertar. Astralmente es posible que viajes en el tiempo y veas eventos del pasado, del presente o por suceder —así como visitar lugares conocidos o desconocidos— donde tratas con diferentes personas.

Así que un buen día, ya despierto, vas a algún sitio "nuevo" y sientes que lo has visitado antes o que ese momento ya lo habías vivido o cuando te presentan a alguien y, nada más de verle, piensas: ¡pero si lo conozco! Pero de dónde. Es el famoso, *déjà vu* (expresión francesa que significa "ya visto"). Ciertamente, a esa persona que sientes conocerla te la has encontrado en sueños pues también viajaba en el astral, quizás de eso hace mucho tiempo. Tal vez compartieron una historia muy sencilla o se vieron envueltos en muchas actividades.

Alguna vez, es posible, te toque ver en sueños a gente triste. Es un llamado de esas personas de que están en problemas en la vida real o van a caer en desgracia.

Así que trata de ponerte en contacto con esas personas para saber cómo se encuentran, quizás tu simple llamada telefónica les proporcione el consuelo que necesitan.

Uno de los objetivos de conocer el mundo astral y sus posibilidades es ayudar siempre a quienes lo requieren.

Si durante esas giras te encuentras con parientes o personas fallecidas, es porque ellas desean transmitirte un mensaje a ti o a algún otro familiar. Así que no te asustes, pon atención a lo que te dicen o muestran. Casi siempre su mensaje es para decir que están bien y en paz.

Toma en cuenta que las almas sin cuerpo sólo pueden manifestarse astralmente y sólo una persona con una sensibilidad especial puede tener sueños de este tipo. De tal suerte que desempeña el papel de médium, es decir, puede ser el conducto a través del cual los desencarnados se comunican con los que tienen cuerpo físico.

Para proyectarte a voluntad durante el sueño, pues eso es el viaje astral, sólo requieres desearlo intensamente, imaginar dónde quieres estar, no distraerte y relajarte físicamente.

También lo puedes lograr imaginando que flotas hacia arriba, que es lo que sucede usualmente en una viaje astral no planeado, o visualizar tu cuerpo astral flotando sobre ti y luego, proyectar tu conciencia en él.

La primera vez que hice un viaje astral, me aterroricé porque nadie me había dicho nada del asunto. Tenía 12 años y de repente me vi flotando en mi habitación. Me agarré del espejo de mi tocador, desde donde veía mi cuerpo físico reflejado, durmiendo en mi cama. Fue tal mi susto que, inmediatamente, mi cuerpo astral regresó a mi cuerpo.

Otra vez quería salir de mi recámara y ¡nada! Sólo chocaba con los vidrios de la ventana. Y enojada, decidí regresar a mi cuerpo, ahora de forma suave. Pero poco a poco lo fui entendiendo y, entonces, pude ir a escuelas maravillosas que eran como de cristal y aprendí altas matemáticas, cuando en la vida real no sumaba dos más dos.

Simbólico

Son los sueños de los que se ocupa este libro. Están llenos de símbolos para que los puedas interpretar. Pero si el sueño se presenta en forma repetitiva, indica que te sientes frustrado pues no encuentras la forma de expresar lo que te molesta o cómo salirte de la monotonía, o la vida te está pareciendo muy complicada.

Por ejemplo, si constantemente sueñas volar, es un mensaje para que sepas que no tienes que luchar con cada problema de la vida, sino también que los puedes rodear o hacer a un lado.

Advertencia: no es posible interpretar los sueños que tienen lugar las noches alrededor de un eclipse, ya que sólo corresponden a una agitación del inconsciente. Mayormente son incoherentes, caóticos.

Lúcido

Es un sueño tan vívido que es posible que lo confundas con la realidad. Es una regalo experimentarlo, porque no a cualquiera le sucede, ya que puedes usarlo para lograr tus deseos, sólo tienes que aprender a emplear su espacio y el tiempo.

Algunos de los que aprendieron a sacarle ventaja a este tipo de sueño son Leonardo Da Vinci, Alejandro Magno, Prince, Krishnamurti y Napoleón. Todos eran más que creativos, eran geniales, así como sus obras.

Aprovecha tus sueños

Los sueños te dan soluciones y respuesta a tus dudas y preocupaciones. Una vez que identifiques el tipo de sueño que tienes, puedes aprovecharlo en tu beneficio con un pequeño entrenamiento y ¡dar en el blanco!

El espacio onírico o del sueño funciona como una especie de gimnasio donde puedes deshacerte de tus fobias (por ejemplo, de tu temor a las arañas), obsesiones y conductas automáticas indeseables (como morderte las uñas).

Además, mientras duermes, también puedes estimular tu creatividad, habilidades, análizar situaciones y mejorar en tus estudios, porque te permite viajar a cualquier tiempo, lugar y con los personajes que desees.

Además, es posible que realices tus fantasías como volar, nadar en el océano, escribir un texto, pintar o tener una idea luminosa, diseñar proyectos creativos, etcétera.

¿Qué te detiene a aprovechar las ocho o diez horas de sueño que antes eran tiempo perdido? Si dormido usas ese tiempo tal y como lo harías en tu vida diaria, extiendes tu vida. Una vez que conoces este poder, te engancha.

El éxito depende de que seas constante y practiques los ejercicios una y otra vez. Es el viejo truco de insistir e insistir hasta que lo domines.

Ejercicios prácticos

➡ Si quieres saber qué siente realmente una persona por ti y que te hable con el corazón en la mano, obtener un buen argumento para un cuento o una letra súper para una canción, justo cuando sientas que das cabezadas y te vas a quedar dormido formula tu deseo, tal como si fuese un rezo, invoca varias veces: "El sueño de esta noche me dará la respuesta a X interrogante de mi vida."

Al despertar, anota todo lo que recuerdes. Considera que el sueño que has tenido es la respuesta que proviene de la parte más profunda de ti mismo y que pone al descubierto el asunto que te interesa.

Es obvio que es mejor que tengas una libreta en el buró, para que escribas las ideas lo más rápido posible pues con la velocidad del rayo en la mañana vienen a la mente distractores (qué hay de desayunar, qué me pongo, no terminé la tarea de ciencias, etcétera).

Es un modo de preparar tus acciones futuras en silencio, en secreto, para que luego sean conocidas por todos.

➡ Cuando tengas una pesadilla o padezcas aburrimiento con el sueño que tienes, sólo detente y desea cambiar de escenario, incluso puedes decir cuál. De inmediato, te transportarás a la "película" que te agrade.

➡ En caso de soñar con una persona con la cual tienes un problema, resuélvelo ahí mismo. No te dejes arrastrar por la trama del sueño, habla con ella, pide explicaciones o saca la bandera de la paz.

A partir de que tomas conciencia de estar dentro de un sueño, lo controlas y se abre un abanico de posibilidades porque puedes navegar dentro de él.

➡ ¿Alguna vez te has molestado porque en lo más bonito de tu sueño te despiertan? Ya no lo hagas, regresa a él.

Sin embargo, para ello, deberás hacer varias veces este ejercicio: interrumpe tu sueño para recordarlo con detalle y, luego de media hora, acuéstate de nuevo para entrar al mismo sueño, poniendo atención al momento antes de dormirte.

Capta las primeras imágenes del sueño para dominarlo, aprovechando que, cuando se está semidormido, recordar el sueño te conduce directamente a él.

Diferentes tipos de viaje o visión astral

a) *Hacia el exterior* de ti, al universo mental de otros o incluso al de la Tierra. La experiencia depende de tu grado de lucidez, pero siempre es un sueño real y legítimo. Se requiere de una preparación muy seria para realizarlo. Por eso, siempre se aconseja contar con un maestro que te cuide. Existe incluso un yoga del sueño. No es un juego, pues en el mundo astral hay que saberse proteger de los cascarones y larvas astrales; si bien es cierto que existen los guardianes que procuran salvaguardarnos, a veces no pueden evitar malas experiencias y peligros.

b) El otro viaje astral es un viaje *hacia dentro*, hacia tu mundo emocional. Entonces, tu visión y experiencia dependen de los símbolos que expresan una realidad que no es mental. Este tipo de vivencia permite curar dolencias, órganos y sentimientos negativos.

Si sufres de depresión o padeces de alguna tristeza, el sueño curativo es el adecuado. Era practicado en la antigüedad en Egipto, sobre todo en los templos de Imhotep y de Serapis, donde se invocaba a los muertos para que interviniesen con sus poderes sanadores durante el sueño del paciente.

Menos mal que se ha avanzado en el método gracias a la ciencia y ya no hay que andar molestando a los muertitos, así que lo único que tienes que hacer es crear un jardín mientras duermes. Para ello, antes de dormir, prográmate para que así sea y ve entrando al mundo de los sueños con las siguientes imágenes:

➡ Que sea frondoso y maravilloso, que sea irresistible entrar y permanecer sintiendo su paz infinita. Mira hacia arriba y observa el sol que brilla. Invita a estos rayos a que calienten el suelo fértil.

➡ Ahora, permite que tu imaginación plante las semillas. Observa cómo las flores de todos los colores y variedades brotan, mostrando su belleza y soltando su perfume por el jardín. Cada una es una posibilidad y una oportunidad.

➡ Ve más lejos. Observa cómo una semilla germina, luego se convierte en rama y después en un árbol que da peras doradas que cuelgan maduras y deliciosas.

➡ Vienen los pájaros volando sobre las paredes del jardín para sentarse en las ramas de tus árboles de duraznos, peras o cerezas. Percibe la alegría de tu jardín. Ahí están el amor, la paz y la fe.

➡ Este magnífico lugar está dentro de ti, por eso lo has podido crear y nutrir con tu corazón y mente. Este jardín, esta emoción, es tuya para ser visitada cuando quieras, no importa lo que suceda afuera o cuáles sean las circunstancias.

Como has podido darte cuenta, los sueños son buenos aliados. No desperdicies la oportunidad de servirte de ellos. Mas, si eres de los que dicen no soñar nunca, procura dormir boca arriba, pues favorece que se produzcan muchas de esas películas que apenas duran ¡7 segundos! Y que al despertar te parece que duraron horas.

Interpretación de los sueños

Para que puedas saber el significado de tus sueños, he aquí algunos ejemplos de cómo se hace; sólo debes seguir tres sencillos pasos:

1. Captar la parte más importante del sueño.
2. Interpretarlo desde su parte negativa y positiva.
3. La respuesta depende de la emoción que el sueño te provocó.

Vamos a comprobarlo. Descubramos la respuesta con este entretenido experimento:

Sueño 1

Imagina que tu mejor amiga(o) te cuenta: "Soñé que a través de una ventana veía aparecer un arco iris y me fascinaba verlo. ¿Qué significa?".

Interpretación

Entonces, tú sacas tu libreta y anotas: ¿Cuál es la parte más importante del sueño?: el arco iris que, además, a mi amiga(o) le gusta y le da contento.

Acto seguido, buscas en el diccionario la palabra *arco iris* y la encuentras interpretada: significa bienestar, comodidades, prosperidad, salud y buena suerte.

¡Todos los significados son positivos!, así que puedes decirle a tu *best friend*: "Tu sueño indica que pronto vivirás una época muy feliz".

Como este ejemplo ha sido apenas para calentar motores, vamos a complicarlo un poco más.

Sueño 2

Ahora resulta que tu hermano, todo espantado, te cuenta que ha tenido una pesadilla. Ha soñado con tarántulas de todos tamaños que lo rodeaban y se le subían al cuerpo.

Interpretación

De nuevo, está nuestra pregunta principal: ¿Cuál es la parte más importante del sueño?

Claro, es el bicho. Y sabes, a la vez, que a tu hermano le causaron miedo, espanto.

De nuevo, acudes a nuestro diccionario y lees que *tarántula* tiene dos significados:

➡ Protección contra calumnias.

➡ Engaños, deslealtades, inapetencia. Alguien te está preparando una trampa. Si la matas, conocerás a tu enemigo.

Como los sueños se interpretan a partir de quien los tiene, ya que son sus propios símbolos, si las tarántulas le fueran simpáticas a tu hermano, al menos, estaría protegido; pero, como le horrorizan, es porque presiente, de manera inconsciente, situaciones complicadas y personas que no lo quieren.

Por tanto, la respuesta del sueño es que tu hermano debe cuidarse de los chicos del barrio o de la escuela, ya que algo malo le quieren hacer.

¿Ves que fácil es?

Uno más para comprobar que ya entendiste. Éste es todo un reto y me lo consultó una chica hace tiempo. Veamos tu destreza.

Sueño 3

"Hace años tuve un novio al que quise, pero, en relidad, no fue importante, y hace como cuatro meses lo soñé: de repente, desaparecía y yo me ponía muy triste, me sentía vacía e iba a buscarlo. En vez de él, salió de su casa su mamá que me dijo: 'No te preocupes, los separamos porque eran muy chiquitos y su relación terminaría. Ustedes están hechos para estar juntos. No te preocupes, lo vas a volver a ver'. Desde entonces, no me lo puedo sacar de la cabeza y me siento perdidamente enamorada de él."

Interpretación

Contesta la pregunta: ¿Cuál es la parte más importante del sueño? ¡Por supuesto! El mensaje que le da la mamá. Es claro, directo y preciso.

Ahora, vamos a verlo desde otro punto de vista:

➡ Es un sueño premonitorio; es decir, le anuncia el reencuentro en un futuro cercano con su amado.

➡ Pasa por una época de soledad y recuerda esa relación en la que se sentía tan viva y contenta.

¿Cuál crees que es el verdadero significado? ¡Acertaste! Es el positivo, ¿sabes por qué? Porque no es un sueño lleno de símbolos, sino un aviso contundente, no deja lugar a dudas.

En un abrir y cerrar de ojos, supiste la respuesta gracias a tu intuición.

Ahora que tienes conocimientos de oniromancia y con diploma de honor, sorprende a tus amistades descubriendo sus secretos a través de sus sueños. Te será "pan comido".

Los jóvenes tienen los mejores sueños, los más llenos de vida, enseñanzas y avisos.

Oniromancia o interpretación oracular de los sueños

De la A a la Z

Los sueños expresan nuestra verdadera forma de ser y futuro. Para interpretar su lenguaje simbólico, recuerda preguntarte: ¿Qué situación u objeto domina mi sueño? Busca la situación o el objeto en el índice y toma en cuenta si su presencia fue agradable o desagradable (respectivamente identificados por los signos de ➡ (+) y ➥ (–)).

En algunos casos, se ejemplifica cómo se puede manifestar en la vida real el sueño para una comprensión más sencilla.

Nota: hay eventos o cosas que sólo tienen un valor, positivo o negativo, o que se marcan como neutrales �➡; para saber su pronóstico favorable o desfavorable debes complementarlos con el significado de otros elementos del sueño.

En algunos significados negativos, te sugiero cómo evitar que se cumplan. Después de todo, los sueños son mensajes para evitar lo malo y aprovechar al máximo lo bueno.

Abandono o accidente

➡ Después de un *break*, puedes volver a comenzar. Así que pon de nuevo en marcha tu ilusión. Encamínate a nuevas sensaciones.

➡ Sufrirás un "bache" emocional que te confundirá por completo.

Abanico, parasol, abano, paipai

➡ Se retirarán las malas vibras (tristeza, envidia, etcétera). Estarás súper *relax*.

➡ El objeto representa a una persona más voluble que el clima. Cambia de forma de pensar como de calcetines. Hoy te adora, mañana ni se acuerda de tu nombre. De lo que te diga, 90% es mentira y 10% ponlo en duda.

Abeja

➡ Te llega dinero en abundancia. Recuerda que saber ahorrar no tiene precio.

➡ Si te pica, representa una traición de algún canallasaurio o princesa de la ponzoña. Así que despabila la mononeurona para evitar que te hagan una trastada. Cuando ellos vayan, tú estarás de vuelta.

Abrazar

➡️ Si es a una mujer, pronto estará lista para ti la chica que te trae derrapando o tu ciberniño te manda unas fotuquis por el mail. :) (indica: gran sonrisa).

➡️ Si es a desconocidos, representa la despedida de alguien que te cae "de pelos", por lo que te invadirá algo de melancolía.

Abrigo

➡️ Ganas de hacer las cosas sin que te cachen, sobre todo si se trata de ligar a dos a la vez.

➡️ Ten cuidado con tu juego de andar revoloteando de flor en flor, le puedes romper el corazón a alguien. Piensa que no se puede hacer a los demás lo que no quieres que te hagan.

Abuelos

➡️ Te predice una vejez tranquila si llevas una vida sana (come frutas y verduras para que llegues a chochogenario). Pronto recibes un consejo efectivísimo.

➡️ Su fallecimiento, señala que serás abandonado(a) por tu novio(a). No sufras, las cosas suceden por algo. Y, está vez, es que viene en camino una mejor pareja.

Aceite

➡️ Si se derrama sobre ti, te sale una oportunidad para ganarte algo rápido. Pero tendrás que apañarla más rápido que un *flash*.

Si se derrama en el suelo, tendrás problemas. Aunque te sientas como "calcetín sudado de gimnasio", tendrás que aplicarte a resolverlos.

Acero

➡ Romperlo, finalmente sales del rollo nefasto en el que te metiste por no pensarlo a tiempo.

➡ Arquearlo, presagia una pena inesperada. Pero que no te dé escalofrío en el paladar, saldrás con bien de esa prueba.

Acostarse

➡ Con el/la galán(a), significa que serás tan feliz que te arrancará suspiros. Lo(a) traes de cabeza.

➡ Con una persona súper atractiva, te advierte que vivirás una decepción por tener el corazón lleno de historias de hadas. Si eres hombre, aléjate a toda prisa del brillo labial que quiere atraparte.

Actor

➡ Si te sueñas actuando, ligarás al bombón que te interesa. Das un gran paso al lograr hacerlo(a) reír muchas veces. Puede ser unos minutos, horas o días. No te precipites, cada persona tiene su tiempo. Sé medidamente atrevido(a) si ves que te acepta.

➡ Te advierte que no trates de llevarte al baile a nadie, pues te cacharán de inmediato. Pregúntate por qué usas máscaras. Quizás no encuentras la forma de mostrarte o comunicar tus sentimientos.

Actriz

➡ Placeres fáciles con una chava muy lanzada. Resulta súper loco y divertido, hasta que te das cuenta lo *freak* que es.

➡ Te das tremendo chasco al verla como es en realidad ya que te hace pasar un mega oso. Se porta fatal.

Acusación

➡ Si te acusa un hombre, señala sucesos felices; si lo hace tu pareja, recibes noticias que te dejan con el ojo "cuadrado", te halagan. Por ejemplo, que a tu mejor amiga le dijeran que tú "eres de lo mejor y además muy linda".

➡ Si te acusa una mujer, se te deja venir tu novio(a) con reclamos y noticias desagradables. La cosa se pone fea. El momento es bizarro.

Ágata

➡ Te sabes súper *cool* y disfrutas de la protección de los dioses. Vas a las clases al último grito de la moda, pero no con esos *jeans* que cuestan un montón, sino que echas a volar tu imaginación y creas cosas divertidas y modernas con lo que ya tienes. La moda eres tú.

➡ Ni modo, la regaste. Ahora a ver qué inventas.

Agua

➡ Aprovéchate de la suerte que te va a llegar por montones. Si se trata de una chava, llégale ahora o nunca.

➡ Tratas asuntos serios o preocupantes, de los que de veras te van a *frekear*. Llévatela con calma y, por ningún motivo, te dejes arrastrar por un arranque de histeria.

Agua (sumergiéndote)

➡ Ahora sí, de veras pasarás por una temporada en la que te van a sobrar las ganas de hacer de todo. Tus condiciones de vida se purifican, renuevan o sanean.

➡ Si el agua está demasiado caliente o fría, algo te súper molesta en tu casa.

Agua transparente y profunda

➡ Representa a una mujer cuya fuerza puede crear o destruir. Para saberlo, interpreta los otros elementos del sueño.

➡ Recibirás una revelación sobre tu persona que te va a aturdir por un buen rato. Ya deja esa tendencia que te cargas de tomarte todo tan en serio.

Agua turbia

➡ Traes un montón de cosas en la cabeza, trata de aclararlas para que estés en paz.

Aguas tranquilas

➡ Significa que vienen buenos tiempos, que estás en paz y te aceptas tal cual eres (incluida, si eres hombre, la pelusilla que tú llamas bigote).

➡ Te puedes quedar estático(a) por mucho rato y dejar pasar lo mejor.

➡ Te dejas llevar por rumores y cuentos que te llegan. Una situación o tus emociones te desbordan.

Águila

➡ Si vuela alto, te va de pelos siempre y cuando aceptes hacer un mega esfuerzo.

➡ Si se precipita hacia abajo, te previene del peligro de un accidente.

Agujero, arado o anillo

➡ Deseas ser hiperfamoso(a), tener club de fans y estar en portadas. Quieres una obra de la que todos hablen.

➡ Sientes que lo que haces es vacío e infantil.

Ahogo

➡ En serio que te van a querer un chorro.

➡ Ves demasiado gordos los problemas. No te achiques y pon manos a la obra. Podrás resolver uno por uno.

Ahogo de otro

➡ Vienen buenos ratos para pasarla de lujo.

➡ No puedes ayudar a alguien en problemas o, a veces, te "pasas" con tus bromas.

Aire, viento

➡ Si es puro, eres apreciado(a) por ser tan buena onda y te reconcilias con alguien o recobras un objeto perdido.

➡ Si es nebuloso o sombrío, tristezas y obstáculos.

Ajedrez

➡ Si ganas la partida, obtendrás buenos resultados en lo que deseas, pero tendrás que hacer sesudos esfuerzos para conseguirlo.

➡ Reñirás pronto con tu contrincante. Su cabeza es como un hoyo negro, cualquier idea se pierde para siempre en ella. Además, recuerda: a cada puerco le llega su San Martín.

Ajo

➡ Descubrirás un secreto que te asombrará, te dejará estupefacto(a) y con cara de *what*.

➡ Tendrás una riña en la que se insultan horrible.

Alas

➡ Anuncia un nuevo y próximo ligue. Será una época cursilona de enamoramiento intenso.

➡ Tu imaginación se vuelve perversa. Te conviertes en la reina de "nada me asusta" o en el profesor de artes repulsivas.

Albergue, asilo

➡ Época de reposo y tranquilidad.

➡ Disgustos o incomodidad. No se puede resolver un problema. Te das cuenta que hay broncas que ya no tienen solución.

Alcachofa

→ Tendrás que ser paciente para que esa chava(o) caiga contigo, cuestión de que le des más tiempo y no trates de precipitar nada.

→ Tienes penas o te falta información. Los malos entendidos te pueden atarantar si no buscas aclarar las cosas a la de ya... te estás tardando.

Alfombra

→ Estás dispuesto(a) a todo para entrar en el corazón de tu amor, quien es tu máximo. No te tenses, haz de la búsqueda del amor un experiencia divertida.

→ Tu atrevimiento es castigado. Es posible que tus maestros crean que has rebasado los límites, trata de suavizar las cosas con ellos.

Almorzar

→ Si lo haces en compañía, vas a portarte de modo generoso.

→ Si lo haces solo(a), estás en plan "codo". Cuida a tu *best friend*.

Altar

→ Alegría. Descubres que las ceremonias de la escuela o las reuniones a las que te invitan te gustan en serio. Eres una persona comunicativa, amigable, sensible, romántica, prepárate para recibir propuestas amorosas de varías personas.

➡ Si es derribado, te pondrás como héroe de Anime japonés a recordar todos los años de tu infancia y eso te producirá melancolía.

Alud

➡ Te fortaleces de una crisis emocional. Aprendes que el lema de los marines americanos es real: "Lo que no mata, fortalece". Echas el resto.

➡ Te sientes protagonista de una tormenta pasional digna de una telenovela, que no acaba bien y ello te entristece.

Amarillo

➡ Podrás enfrentar cualquier rollo que se te presente, por lo que superas los obstáculos para alcanzar tus metas.

➡ Te estás pasando de vanidoso(a) y, por estar en tu escaparate, se te pueden escapar las oportunidades de ligar a quien ya sabes.

Amigos

➡ Asistes a una reunión pronto, en la que te la pasas súper bien. ¿A quién no le gusta reunirse a chismosear en pijama con las amigas?

➡ Si ríes con ello, significa que le darás aire a tu galán o a tu princesa caramelo.

Amor

➡ Alegría y fortuna con un(a) novio(a). Estarán que se derriten. Parecen "chicle pegado". Se les ve de manita compuesta, todo el día.

➡ Ocultas tus penas sentimentales. Si eres mujer, eres un manojo de celos con uñas pintadas; si eres hombre, ocultas el mal rato por el que pasas debido a esa chica que te hace pasar las de Caín.

Amputación o abismo (desfiladero)

➡ Fascinación por el misterio, lo oculto, el más allá y los secretos de los demás. Cuando los descubras, te vas a sentir más perdido que Adán el día de la Madre.

➡ Pasas por un periodo de confusión y sientes inseguridad. Por momentos, sientes que todo el mundo te está observando y eso te apena.

Ángel

➡ Recibes buenas noticias, la solución de tus problemas o un extranjero te ayudará.

➡ Te recuerda que debes portarte bien, rectificar tu mala conducta (no grabes tus iniciales en el pupitre, no saltes muros, no tires los clips y cuida tu arreglo personal). Te has ganado el apodo de la "plastilina" porque sólo sirves para hacer tonterías.

Árbol

➡ Protección, recibes una lana inesperada, es posible que te dejen una herencia, crece tu economía o tu felicidad sentimental.

➡ Si tiene las ramas secas, puede ser que pierdas algo que aprecias o termines la amistad de alguien a quien estimas mucho.

Archivar

➡ Presagia el regreso de tu dulce tormento, la musa de tus rolas.

➡ No quieres enfrentar situaciones, le haces al avestruz.

Arco

➡ Las dudas en el amor se aclaran. Ya no te sentías a gusto de vivir como vikingo (navegante escandinavo, orgulloso de andar con los cuernos puestos).

➡ Si está roto, te falta confianza para acercarte a los galanes(as). Anímate a hablar. Cada palabra que digas y escuches es una barrera menos, conocerás un poco más a la persona que quieres conquistar.

Arco iris

➡ Bienestar, comodidades, prosperidad, salud y buena suerte. Aprovecha este tiempo para acercarte a tus padres y hermanos que hace rato que ni los fumas.

➡ Puedes alejarte de todo mundo, vivir creyendo que eres una ostra o algo parecido. Pero es que te gusta estar a solas y no es que quieras hacerle al ermitaño(a).

Arena

➤ Te recuerda que la vida cambia de forma increíble, que nunca termina y que debes estar bien contigo para estar bien con tu universo.

➤ Cuídate de la persona que menos esperas, te vas a llevar un chasco del cual no te quedará más que decir "qué gacho".

Argolla, anillo de abstinencia, pulsera

➤ De verdad que tus cuates te aprecian. Disfrutas de fuertes lazos sentimentales o pronto te darán un cargo de importancia.

➤ Sientes que tienes que "chutarte" la compañía de una persona, aunque la alucinas.

Arroz

➤ Abundancia. Te caen un montonal de regalos e invitaciones. Todo mundo quiere estar contigo para conocerte.

➤ No pidas prestado. No es mal rollo, pero "la desgracia cae en lo ajeno". Aguántate las ganas del equipo de sonido, el cel o el iPOD.

Atar

➤ ¡Wow! el atractivo de esa persona ya te llegó en serio, por lo que ni siquiera se te ocurre hacerte el interesante o resistirte. Bada bing, bada bang, bada vamos allá.

Sientes timidez Aunque es difícil atrapar su corazón, puedes hacerlo. Atrévete. Tienes millones de palabras en los diccionarios, ¡utilízalas! Gesticula, pregunta, sonríe, mueve los labios, mira, abre las cejas, llévate las manos a la cabeza, ¡comunícate!

Automóvil

Si es veloz, quieres ir de prisa por la vida. Frena con motor y disfruta un poco más de lo bello del paisaje.

Avión

Premonición sobre próximos cambios que tendrán lugar en tu vida. Para saber cómo serán, interpreta los otros elementos del sueño.

Si no despega, a la hora buena de estar con la persona que finalmente te dijo que sí, te haces chiquito(a). No te lo tomes muy en serio.

Ayuno

Sientes la necesidad de recomenzar. Es el clásico "borrón y cuenta nueva". Recuerda que, a donde el corazón se inclina, el pie camina.

Abusas de tu sexualidad o despilfarras el dinero. Eres infatigable, no te cansas de hacer tonterías.

Azul

Disfrutas de serenidad, tranquilidad y felicidad. Anuncia el logro de tus deseos, sobre obstáculos y peligros, pese a que te sientas tan desesperado(a) como Tarzán en cueros dando gritos.

B

Babero

➡ ¡Huy! ahora sí te atraparon en buena onda y con mucho cariño, además que cae algo inesperado de herencia. Genial... ¿no es así?

➡ La relación que vives con tu chava(o) deja marca (física, sentimental o en la reputación) en la vida de ambos.

Báculo, bastón

➡ Consideras a tu pene un instrumento de apoyo o de castigo. Para aclararlo, interpreta los otros elementos del sueño.

➡ No te preocupes, vas a tener tiempo de sobra para vivir lo que quieras, ya que promete una existencia, larga, larga.

➡ Chismes, murmuraciones, cuentos e indiscreciones pueden alcanzarte cuando andes en la lenta, debes tener cuidado.

Badajo (de campana)

➡ Haz caso de los consejos de las personas de edad o de tus padres. No es moralina ni la aburridora; esta vez, son bien efectivos.

➡ Te la pasas en rollos nada provechosos. No la riegues, rectifica tu comportamiento.

Bailar

➡️ ¡Caray! esa chica(o) te va a abordar o te darán buenas nuevas de ella/él. Una vez con ella/él, de lo dulce vas a parecer frasco de mermelada.

➡️ Necesidad de meterle caña a los asuntos que están parados, atorados. Ni modo, llegó la hora de que te apliques a terminar los asuntos que has estado dejando para después, porque la fiaca es gigantesca. Deja de fingirte ocupado(a) y termínalos.

Bailarina

➡️ Sales de tanto problemón, pues, gracias a la garra que le pones, los resuelves.

➡️ Tu imagen puede andar por los suelos, dale un levantón. Deja de volarte la barda ¿te late? A menos que quieras que tus padres te apliquen el "toque de queda" a más tardar a las 10 de la noche, registren tus gavetas, correspondencia, lean un tu diario y escuchen tus conversaciones telefónicas.

Bandera

➡️ Una gran victoria te espera. Te ves a ti mismo(a) súper *chic*. Te sientes como la última coca del estadio, el Adonis de la serie o con un súper pegue.

➡️ Cuidado con los chismes, rumores, murmuraciones y los cuentos en los que te quieren envolver. Permanece mega atento(a).

Baño (otro)

➡ Llegó la hora de darle a tu *look* un giro más actual, de emprender nuevos proyectos y de acercarte a nuevas amistades.

➡ Inquietud emocional, pues se pelean por tu corazoncito (aunque no lo creas).

Baño (tú)

➡ Salud, éxito o bienestar. Si la temperatura es templada, te esperan momentos muy *cool*.

➡ Urge que elimines de tu vida hábitos que no te sirven de nada. Como ser un(a) devora-televisión o parecer un huevo de refri (nada más todo el tiempo parado en la puerta).

Barandal, pasamanos

➡ Finalmente te dan una manita para resolver algunos conflictos que traes en la cabeza.

➡ Te la pasas genial con personas que te gustan y divierten. Son relaciones fáciles y sin futuro.

Barba

➡ Si eres hombre representa tu virilidad y hombría.

➡ Si ves a una mujer barbada, indica que no le crees sus rollos y que le tienes celos.

Barco, nave, lancha, chalupa

➤ Representa que siempre quisiéramos volver a la protección de los brazos y el regazo de mamá.

➤ Alegría, pues tus asuntos van por el camino correcto. Alguien con quien empiezas siendo su amigo(a) termina convirtiéndose en el amor de tu vida.

➤ Incertidumbres.

Barranco

➤ Te encantan los rollos de misterio, las historias escabrosas, las películas de Hallowen y los contactos con el más allá, donde aparezcan voces de ultratumba y rostros iluminados.

➤ Mal momento en tu vida íntima que te hace sentir "chinche" por unos días. Los errores en la escuela, los vas a tener que "parchar" de volada.

Barrer

➤ Finalmente te ganas la lana que esperabas. No dejes de ir al "revén" al cual te inviten en estos días. En serio que va a estar de campeonato.

➤ Problemas que van a requerir de tu mayor atención para batearlos más allá de la barda.

Barrera, cerca, muro, barda

➤ Haciendo gala de tu agilidad, dejas atrás los obstáculos que se te presentan para anotarte un triunfo más.

➤ Todos los rollos que te envuelven pueden hacer que tengas que darle corte a tu chica(o).

Báscula

➤ ¡Caray!, puedes decir que esta vez sí hay justicia en este mundo, cuando una decisión importante te sea favorable.

➤ De plano, inscríbete esta vez en la orden de los buenos chicos(as). Si te inventas una fábula, hasta tú mismo(a) vas acabar creyéndotela. Así que deja de pasar saliva, respirar profundo y dar pausas largas en tus historias, como pensando en lo próximo que vas a decir.

Bautismo

➤ Inicias un mega romance. Al fin te decides por un propósito mega positivo el cual llevar a cabo (ya era hora).

➤ Mueres a un estilo de vida para adoptar uno nuevo. Por ejemplo, de la noche a la mañana pierdes el apetito, no atiendes a las preguntas de tu madre. No haces más que escuchar baladas románticas. Por fin, lo comprendes todo: te has enamorado.

Bebé

➤ Verte a ti mismo(a) como bebé, señala que te aman inmensamente.

➤ Qué mala onda, justo cuando juntaste lo que necesitabas para tu iPOD, tu cel o algo por el estilo, te salen con que tienes que pagar algo inesperado. Cada deuda, por pequeña que sea, es el anillo de un grillete.

Beber agua

➡ Aventuras pasajeras que serán placenteras. No dudes de ti mismo(a), lucha por tus metas y siempre diviértete. Si está caliente, noticias de una boda.

➡ Ten cuidado con lo que te ofrecen de beber, pues este sueño se asocia a pócimas para manejar tu voluntad. Es decir, te quieren manipular.

Beige

➡ Sugiere neutralidad y alejamiento. Existe una ausencia de comunicación.

➡ Haces lo correcto al no entrometerte en esos chorizos donde no debes. Deseas estar a solas con tus pensamientos.

➡ Estás con la línea cortada, se acabo el chip, o el mensajero no funciona, pues tienes problemas de comunicación. :-O (indica: gritando).

Bendición

➡ Recibirla, próxima alegría. Por ejemplo, el/la chico(a) que te tiene chiflada(o) llega y, antes de irse, ¡te besa! Dura cinco segundos, ¡imagínate que emocionante!

➡ Darla, aflicción pasajera. Es el mismo ejemplo, pero el beso es espeso, baboso y frío ¡¡uggg!

Besar a un conocido

➡ Es premonitorio, anuncia que te encontrarás con esa persona, de forma casual y sorpresiva. Te dará contento, porque más que nunca es un sueño hecho realidad.

Besar a un desconocido

➡ Te advierte que no te vayas de la lengua con la gente que te rodea. Todo puede ser usado en tu contra o tus secretos los harán públicos.

Besar a un muerto conocido

➡ Recibes una herencia. Te viene de perlas si eres *fashion addict*. Por ejemplo, sales de los colores aburridos y los bolsos clásicos de escuela, pruebas con mochilas de color ya sea rosa, azul, roja o amarilla.

Besar a una mujer

➡ Eres de los que atreves a todo, aunque no sepas cómo va la cosa, pero lo intentas y ganas. Si la mujer es joven, tendrás muchas alegrías; si besas sus manos, buena fortuna.

Besar a tus padres

➡ Pronto resuelves los problemas que te preocupan. Aprendes a conocer el genio de tus papis, te interesas por su trabajo y les preguntas todo lo que se te ocurra, les dices cuánto los quieres y muestras tu amor.

Besar a una persona de sexo opuesto

➡ Recibes regalos o beneficios. Serás el centro de atención de todos tus compañeros de cole. Marca tu propio paso.

Besar la tierra

➡ Todo te afecta y hasta la más simple contrariedad. Andas triste y hasta te sientes popis, provocado por el enloquecimiento de tus hormonas.

Besar o contemplar un objeto blanco manchado

➡ ¡Wow! Ahora sí te van a dejar frío(a) cuando te encuentres a la chava(o) de tus sueños, de veras que te hará pasar ratos fuera de este mundo.

➡ Definitivamente, no trates de aventarte por la ventana cuando te enteres: te pusieron los cuernos, no alas.

Beso

➡ Recibirlo, te quedas de una pieza cuando te des color que llegó la persona en la que estabas pensando y hace un chorro que no la veías.

➡ Cuidado con los cuates que te hacen buena cara y dicen que se cortarían las venas por ti, son puro pájaro petacón.

Bigote

➡️ Si son largos, aumenta tu buena estrella. Por ejemplo, andas en el centro comercial con tus amigas y se encuentran con tu galán que las invita a tomar un helado a todas.

➡️ Si eres mujer, infidelidad de tu galán. Además, te deja plantada para ir al antro.

Blanco

➡️ Tu chico(a) te es fiel y leal. Es un chico(a) centrado(a), serio(a) y cumplido(a).

➡️ Cuida de tu novio(a), si el blanco no es inmaculado. Porque el(la) muy fresco(a) siente atracción (léase calentura) por otra persona. Así que dile: "Aleján... dose."

Boca

➡️ Si es grande, logras hacer que el/la niño(a) que te gusta se fije en ti, le muestras lo que te gusta y resulta que te conoce más de lo que tú crees.

➡️ Si es pequeña, problemas y desprecio de los amigos. Averigua qué onda y aclara las cosas.

Boda

➡️ ¡Abrapalabra! concilias dos puntos de vista diferentes. Por ejemplo, hablas con tu mejor amigo(a) o hermano(a) sobre qué les gusta hacer, cuando parece que todas las opciones para salir se han acabado, y llegan a un acuerdo para que ambos(as) queden contentos(as).

➡️ Deseas vivir algo mega romántico. Así que haz una lista de los lugares que quieras visitar, reúnete con ex compañeros(as) que hace mucho que no ves, diseña un plan de salidas y encuentros para que surja en cualquier momento esa historia de algodón de rosa que quieres.

Bofetada

➡️ Darla, es que sientes cosquillas en la panza cuando lo(a) ves, recuerdas su mirada cuando escuchas temas románticos y te sonrojas cuando alguien lo(a) nombra.

➡️ Recibirla, disgustos y peleas. Quieres que el mundo sea de acuerdo con tu gusto y que sea ya, nada de esperar.

Bola, círculo, esfera

➡️ Llegas a un acuerdo con alguien que parece de otro planeta. De seguro que con tu papá puedes pasar los momentos más increíbles, pues aunque es estricto, siempre se preocupa por ti y quiere enseñarte muchas cosas.

➡️ No podrás seguir ocultando la verdad por más tiempo. Si equivocas las palabras o cambias una y mil veces la versión de una historia, son señales de que dices una mentira.

Boliche

➡ Alegrías o una reunión donde se inicia un feliz amorío. Desata tu corazón y la ira de tus padres, quienes no entienden lo que pasa.

➡ Tendrás que "pedalearle" duro para obtener lo que deseas. Por ejemplo, te arrastran deseos irrefrenables de independizarte, léase hacer lo que te dé la gana. Y, desde luego, viviendo bajo el mismo techo de tus padres tienes que seguir 25 mil reglas y 14 mil frenos.

Bolsa

➡ Si está vacía, significa bienestar o generosidad. Por ejemplo, notas que a una niña en tu escuela, que casi no tiene amigas, la invitas a que se siente contigo y tus compañeras en el recreo.

➡ Si está llena, eres tacaño(a) o temes no estar a la altura de las situaciones. Así que siente orgullo por lo que tienes y no te dejes decepcionar por todo lo demás.

Bomberos

➡ Haces clic con un chico(a), debes actuar con rapidez y tino. De inmediato rompe el hielo y liga en minutos. Siéntete el/la más bombón.

Bombones

➡ ¡Alarma amarilla! quien te los da, desea tener sexo contigo no jugar a la casita ni al doctor.

Bosque

➥ Aunque realizas muchas actividades, obtienes pocos resultados. Por un tiempo, intentas todo sin lograr nada. No te desesperes, resiste. Pronto saldrás de esa maleza.

Botas, botines

➥ Si son nuevas, significa riqueza o viajes. Así que ve sacando el bronceador.

➥ Si son viejas, el deseo no es alcanzado. Es posible que tu chico(a) ideal esté más interesado(a) en la marca de su ropa que en ti.

Botella llena

➥ Te salvas de una situación o problema. Por ejemplo, de una tarde de flojera.

➥ Si se rompe, hay tristeza. Pero tranqui, sólo tienes que comenzar algo nuevo para sentirte mejor, como tapizar tu habitación con los pósters de tus artistas favoritos o forrar tus cuadernos con fotos de tus amigos o de momentos divertidos; así, estudiar será más relajante.

Botón de madera

➥ Aparece un romance inesperado con un(a) chico(a) más bueno(a) que la aspirina.

Brindis

➡️ Felicidad al lado de la persona amada. Te atropellará de forma abrupta, terrible, violenta e inclemente la felicidad. Pero no estarás solo(a). Si te dice que quiere volver a verte, acepta.

➡️ Cuidado con las promesas que te hacen los supuestos camaradas, sobre todo si se trata de lealtad ante un problema. Serán los primeros en rajarse y dejarte chiflando en la loma.

Brujo(a)

➡️ Como alguien te dice cosas que te ponen los nervios de punta, este sueño te indica que consultes a una persona espiritual para que te aconseje y guíe.

➡️ Estás enamorado(a) de alguien que no te pela, intentas que te haga caso al precio que sea o al menos se dé cuenta de que existes.

Bruma

➡️ Se cauteloso(a) con tu relación de pareja pues no hay chispa. La situación es confusa e irreal. Tampoco le resaltes sus defectos; el momento ya es difícil como para que le "des más palo" a su autoestima.

Buñuelos

➡️ Comerlos significa que vivirás placeres sensuales a todo volumen. Toda la energía se te va en calentarte la cabeza.

➡️ Hacerlos, te advierte de que te rodean intrigas dignas de Cruela de Vil.

Busto, senos, tetas, bubis o lolas, el bra, súper escote

➡️ Prosperidad, riqueza. Parecerás todo(a) un(una) *rockstar* ¡yeah!

➡️ Pronto disfrutas placeres de lo más *hot*, aunque sin afecto.

Caballo

➡ Te advierte que controles tus emociones, pues la tranquilidad estilo monje tibetano no es tu fuerte, aunque eres capaz de dominar tus instintos y pasiones con la mente. Si es blanco, placeres. Come a gusto y placentero y que ayune tu heredero.

➡ Qué mala onda: eso que anhelas, no se alcanza. Si es negro, tendrás muchas piedras en el camino que te lo impiden.

Cabellos

➡ Si hay algo que te sobra es la energía. Una cabellera hermosa es signo de poder y atracción erótica, el atractivo te sale por los poros.

➡ Bien peinados, amistad y buenas calificaciones.

➡ Crespos o chinos, tristezas, problemas y truculencia alrededor tuyo. Tus elecciones son sacadas de algún cuento de magia o de una película de embrujados mega rara.

Cabellos negros

➡ Tienes la mente llena de ideas creativas y enormes ganas de amar.

➡ Lanudos y cortados, mucho cuidado con la seguridad personal. Pero echándole ganas sales del hoyo.

Cabeza separada del cuerpo

➤ Libertad de pensamiento. Te muestras rebelde (dícese de quien todavía no ha conseguido salirse con la suya) ante las fórmulas que te quieren imponer.

➤ Tus emociones van para un lado y tus ideas por el otro. De plano, cómprales un mapa para que se encuentren.

Cabra

➤ Blanca, te cae la lana casi del cielo. Como te sientes cómodo(a) contigo mismo(a), logras lo que te propones.

➤ Cuidado al cruzar la calle. Recuerda: ojos que no ven, pies que pisan caca de perro.

Cadena

➤ Aprendes que los romances de película sí existen. Te enamoras nada más de ver a alguien. El/la chico(a) saca 10 en tu *check list*.

➤ Te sientes clavado(a) al piso al ver tus responsabilidades (no exageres).

Caderas

➤ Grandes y amplias, te prometen que tendrás hijos bellos y sanos. Lo de la familia pequeña vive mejor tal vez no va de acuerdo con tus planes.

➤ Decaídas, significan habladurías. Cuídate de las chismositas. Toma el control. Trata el asunto antes de que lo hagan ellas.

Caer de la cabalgadura, de la bici o de la motocicleta

➡ Vencerás los obstáculos que se interponen a tu deseo, si no tienes miedo.

➡ Tendrás problemas, si ves huir corriendo a tu cabalgadura.

Cafetera

➡ Llena, aciertas en todos tus asuntos y en especial, en la escuela. Eres la prueba viviente del refrán: "Suerte te dé Dios y que saber te importe poco."

➡ Vacía, representa a una esperanza inútil. Así que a otra cosa, mariposa.

Caída

➡ Luego de muchos esfuerzos, logras imponer tu voluntad. Como ganarle a tu hermano en su videojuego favorito de carreras.

➡ Tu amor viola las normas, la tradición o lo acostumbrado en tu medio social. Lo primero que descubres es que tus padres "no te van a matar" y que de las amenazas no van a pasar.

Caída con aterrizaje

➡ Si despiertas, representa una llamada para que arregles algún asunto. Si el sueño sigue, la respuesta a tu problema está en su desenlace.

Tienes miedo de perder el respeto de otros o el amor de alguien. Si te haces daño, pierdes a un(a) amigo(a). Si ves a otro(a) caer, deseas que esa persona se haga daño.

Caja cerrada

No permites que te conozcan del todo. Practica una actividad que te interese con personas que compartan tu meta. La timidez desaparece cuando hay trabajo que hacer.

Caja vacía

Se descubre un grato secreto. Tendrás kilos de diversión.

Alguien se entromete en tus asuntos. Hablas de libertad y derechos, protestas y lo encaras diciendo: "¡Papi, tú no respetas mi privacidad!". Él te mira fijo, sonríe y te contesta: "¡Alégrate porque estoy pensando seriamente en implantar el paredón de fusilamientos en esta casa!"

Calabozo

Cuentas con buena salud y el consuelo de tus seres queridos. Conocerás personas capaces de escucharse a sí mismas y a los demás.

Te avisa que te acecha un peligro. Está alerta y pon changuitos para que todo salga bien. Por ejemplo, si te atrasas en entregar una tarea, no des explicaciones a menos que te las pidan, pues será más fácil que pases inadvertido.

Calendario

➡ Añoras placeres perdidos, quizá porque antes te has reventado mucho.

Callejón

➡ Tu romance toma una nueva dirección o das marcha atrás. Como no es amor a primera vista, con el tiempo llegas a comprender lo que sientes.

➡ Asunto sin solución, él (ella) no se derrite ante tus encantos.

Calor

➡ Pronostica que tendrás una vida emocional intensa y que será larga. También, significa que madura una situación. Para poder estar contigo, tu chico(a) está dispuesto a conocer a todas tus amigas(os).

Calvicie

➡ De hombre, indica buena fortuna. Resultas atractivo(a) al 100%.

➡ De mujer, anuncia problemas económicos.

Calzado, sandalias

➡ Prosperidad y bienestar. Buscas a tu chico(a) especial. Lo principal es que, además de estar enamorada(o), sigas adelante con tus proyectos y estudios.

➡ Dificultades materiales por gastar en una cursi-boutique.

Cama, lecho

➡ Seguridad, buena posición económica o tienes gran apego a tus amistades.

➡ Un secreto será descubierto, lo cual te es peligroso. Recuerda que, si te metes con el toro, te cuerna.

Cama adornada

➡ Crece tu conocimiento erótico, ¡eres una bomba sexy!

➡ De plano, la concha te envuelve, momento para reflexionar sobre todo lo que vales y la dirección de tus sentimientos.

Cama enorme

➡ Felicidad en el hogar, buena relación con tus padres y hermanos. Ten detalles, a ellos les gusta que los consientan. Anímalos a pasar más tiempo contigo.

➡ Tus relaciones íntimas te obsesionan. Trata de que tu infidelidad o debraye no lastime a los demás.

Cama ordenada

➡ Tu romance va por buen camino. Son extra unidos. Si no pueden salir de casa, no hay problema, organizan una tarde muy entretenida viendo películas, jugando *play station*, escuchando música o subiendo fotos en sus páginas del *Facebook* o Hi5.

Camino (no encontrarlo)

➡ La escena contiene la clave (otro objeto) de tu salvación. Ubícalo e interprétalo. No hagas cosas tontas.

➤ Tiene significado literal. Estás perdido(a) en tu vida. Echas de menos algo (amigos, amor, cole, tu barrio). Es un momento de ajuste en el que intentas acostumbrarte a nuevas reglas.

Camisa o camiseta, t-shirt, top

➤ Si la lleva una mujer, pronto encontrarás a tu media naranja. Buena suerte. Te sientes increíble, vibrante, fabuloso(a).

Campanario

➤ Poder y fortuna. El futuro pinta súper bien. Quiérete y ayúdate, para ser lo que realmente quieres. Confía en ti y proyectarás tu verdadera personalidad.

➤ Significa pérdida de empleo, disgustos o problemas automovilísticos. Así que no te sientes una persona realizada que a los 18 tiene el coche arreglado, billetes, ropa de marca, autos y muchas(os) chicas(os).

Campanas

➤ Si sólo las miras, estás próximo(a) a casarte. Si escuchas que las tocan, fertilidad y sucesos inesperados.

➤ Si las tocas, te previene de ser víctima de una infamia. Pero, ¡no entres en pánico!, "soldado avisado, no muere en guerra".

Canal

➤ Deseas fusionarte con quien amas, ser una sola persona.

➡ Si está agrietado, no es la pareja adecuada, pues por algo le dicen la pre-pizza porque no tiene nada arriba. Cambia de modelo.

Canas

➡ Adminístrate bien, pues tardarás en recibir dinero y tienes mil gastos: hay que comprar libros y útiles escolares nuevos.

Cangrejo

➡ Analiza tus sentimientos, te asaltan muchas dudas. En cuestiones de chicos(as) es difícil tener las ideas claras, pero no imposible.

➡ Enredos emocionales, separación y cero popularidad. Te sentirás como apestado(a). Viaja con la imaginación al futuro y, desde allí, pregúntate si a lo que te enfrentas es algo tan importante como ahora te parece.

Cántaro

➡ Siempre representa a la mujer. Para saber qué influencia tendrá en tu vida, interpreta los otros elementos del sueño.

Cántaro (beber)

➡ Serás adorado(a); por lo tanto, abre las puertas de tu corazón.

Cántaro (lo carga una mujer)

➡ Ella es la protagonista de tu próximo romance.

Cántaro (verter su contenido)

➡ En una relación, serás quien más ames; o avisa de una quiebra económica que te hace desear desaparecer del mapa. Pero no es para tanto. Si no puedes invitar a salir a tu chica, acompáñala a pasear a su mascota y si puedes, lleva la tuya. Recuérdale la fecha en que su peludito consentido debe ir al veterinario a renovar sus vacunas.

Capa

➡ Concentración, fuerza de voluntad y espiritualidad. Aprovecha. Tu profesor se sorprenderá por tu interés si entregas tus trabajos a tiempo o antes de la fecha.

➡ El amor que anhelas, es imposible. Así que no le hagas al insistides, aburrides.

Carbones apagados

➡ La sexualidad en la relación de pareja está reprimida, cuida tu salud. Así que te apodaron el cerillo, pues nada más te frotan y pierdes la cabeza.

Carbones encendidos

➡ Te aconseja desarrollar estrategias para conseguir lo que quieres siendo divertida(o) o un angelito que siempre luce súper *cool*.

➡️ Hay un asunto oculto o existe peligro de romper con el/la novio(a). Si no lo/la quieres perder, interésate por lo que le gusta, lo que opina. Hazle preguntas interesantes, inteligentes. No lo(a) adules. Muéstrate seguro(a).

Carnaval

➡️ Experimentas un torbellino de voluptuosidad. Tienes mucha química con alguien. Sus miraditas, lo dicen todo. Sucesos felices. Recuerda que caldo de gallina y precaución nunca están de más.

➡️ Encuentro inesperado con una mujer del pasado. Es una arpía.

Carta, mail, SMS

➡️ Anhelas recibir noticias que cambien a tu favor tu relación sentimental. A unos dios da ovejas y a otros, orejas.

➡️ Si la rompes, el romance no se da. Te esperan interminables días grises que terminan en llanto.

Casa

➡️ Normalmente te representa a ti mismo(a). Sus habitaciones son los distintos aspectos de tu personalidad y las puertas, tus nuevas oportunidades.

➡️ Si es tu casa, gozas de una base espiritual sólida. Si es nueva y extraña, representa tu futuro, lo que debes hacer. Si se mueve, experimentarás cambios personales. Si la aseas, quiere decir que necesitas limpiar tus pensamientos y deshacerte de prejuicios. Quieres mejorar.

➡ Si está vacía, representa inseguridad. Si te consideras tímido(a) o temeroso(a) y dejas pasar las mejores oportunidades por no saber decidirte, ¡confía en ti mismo(a)! No te quedes impávido(a).

Caza

➡ Búsqueda del amor y la sexualidad o de metas espirituales (discusiones elevadas), con resultado positivo.

➡ Al corretear apasionadamente la satisfacción sexual, te conviertes en víctima. Eres utilizado(a) y tirado(a) como pañuelo desechable.

Cejas pobladas y bien dibujadas

➡ Recibes un "quico" (beso). Por ejemplo, hace tiempo que hablas con un(a) amigo(a) y un día te saca de clase y pasean. Entonces, se inclina para besarte. ¡No es tan maravilloso, pero sí divertido!

Celular

➡ Recibes una invitación a un reven o cae en tus redes la niña o el galanazo que te gusta. Ríete, desarrolla tu sentido del humor. El amor no es racional. Déjate llevar. Hay que empezar jugando (nunca se sabe cómo se termina).

➡ Crees que a todos(as) les gustas, inocente palomita. Tu modestia consiste en esperar que los demás descubran tu grandeza.

Centro comercial

➤ Te atreves a hacer cosas que nunca pensaste. Estás muy divertido(a) probando todas las opciones que la vida te ofrece. Como niño(a) en feria.

➤ Tienes una actitud fashionista farolota, porque te falta algún elemento emocional o físico. Tal vez necesitas más cariño. Si el lugar está vacío, representa tristeza y depresión.

Cerdo

➤ Te llega una buena cantidad de dinero. Sal de compras. Pide a tu niño(a) que te ayude a escoger un bonito regalo para el cumple de tus papis o de tu mejor amiga(o).

➤ Significa que tienes deseos perversos, dignos del Ministerio del Mal. Por ejemplo, te encanta que alguien tenga mala suerte.

Cerradura

➤ Tras este objeto, está la clave para comprender tu romance.

➤ Tu idilio es muy conflictivo. El/la otro(a) finge ser tan difícil de satisfacer que mejor ya nadie lo intenta. De ahí su mote: el chicle, porque nadie lo/la traga.

Cerveza

➤ Promete que escucharás la marcha nupcial pronto, gracias a la ayuda de tus amigos(as).

➡ Si la bebes, te fatigas sin provecho. Eres el/la multita-reas, porque puedes hacer varias tonterías al mismo tiempo.

Césped

➡ Eres bien correspondido(a) en tus sentimientos. Sales con tu chico(a) a tomar un helado con mucha crema, a comer una deliciosa pizza o pasean tomados de la mano en un centro comercial. También significa que tienes posibilidades abiertas en los estudios y viajes.

Cesta

➡ Si está llena, representa la seguridad material o un feliz encuentro amoroso o que aumenta la familia al llegar un nuevo bebé o un pariente a vivir en tu casa. Estarán apretados, pero contentos.

➡ Sí está vacía, hay inestabilidad económica. Lo cual te impacienta (esperar con prisa).

Cicatriz

➡ Problemas resueltos, generosidad y amor correspon-dido. Salir al cine es uno de los planes que más gozan. Conocen el tipo de película que les gusta a cada uno y ahorran para las golosinas.

➡ Ingratitud de conocidos y sacrificio. Te aconseja ani-marte a conocer gente nueva que tenga tus mismos intereses. Eso te hará más fácil entablar una conver-sación.

Cónsome, caldo, sopa

➡ Se presentan enredos y problemas por celos. No hagas algo que desespere a la otra persona. No la critiques tanto. Puede haber corazones rotos.

Cruce de caminos

➡ Revela y da claves sobre cuál es el mejor y más seguro camino, por eso observa bien las otras imágenes; por ejemplo: señales, si una vía es ancha y la otra estrecha, si se ven casas (representan la seguridad material) en alguna dirección, si hay obstáculos, charcos o piedras que dificultan el paso o si a un personaje se le puede preguntar por la dirección.

➡ Pasas por un momento difícil para tomar una decisión. No sabes qué camino seguir. Pareces vampiro al mediodía.

Dados

➡️ Recibes noticias sobre un pariente y su herencia.

➡️ No derroches tus bienes.

Daga

➡️ Ruptura violenta con el/la novio(a) que será tema de chismorreos. Incluso alguna cucaracha biónica (porque no hay polvo que la mate) querrá meter las narices donde no la llaman.

Dama(s)

➡️ Chismes, problemas con amistades y relaciones engañosas. Te encontraste con un tonto amigable, pues tienes puros amigos estúpidos.

Decisión

➡️ Eres capaz de tomar determinaciones firmes. Eres de las/los que se sienta adelante en clase para que el profesor sepa que estás ahí. No permites que te anulen, ni formas parte de la masa. Deseas ser tú mismo(a).

➡️ Eres indeciso(a). No sabes si vas o vienes. A una pregunta tan fácil como ¿quieres ir al cine? sueles contestar: "Sí... no, sí pero no... no, no sé", ¿te suena? Así que mejor acelera tus corazonadas.

Dedos

➡ Cuentas con la protección del cielo. Te sigue tu buena estrella.

➡ Desperdicias tus talentos. Así que si ya eres asombroso(a), conviértete en súper asombroso(a).

Delfín

➡ Significa que te salvas de cualquier peligro o problema o tontería que se te ocurra (por peligrosa y descabellada que sea).

➡ Necesitas detener tu actividad. Aprende a decir "no, ¡paso!" a un montón de cosas que en realidad no quieres hacer, que no te gustan.

Dentista

➡ Le pones punto final a ciertos problemas que te traían arrastrando la cobija. Una buena dosis de energía te llega para seguir adelante.

➡ Se te vienen algunos malos momentos, no te los tomes muy a pecho, sólo es cuestión de ponerte las pilas y mirar al frente.

Derramar licores

➡ Te falta habilidad para manejar tus asuntos, por lo que habrá tropiezos y cabezazos. Llevas años con el mejor chico(a) del mundo, pero lo(la) dejas por embobarte con un hombre (mujer) mayor que sólo te utiliza.

Desaparición de objetos

➡ El amor te da miedo o vergüenza. Una buena manera de enfrentarlo y superarlo es hablar de tus miedos con alguien de confianza.

Desazón

➡ Solución a tu pena. Encuentras a tu paño de lágrimas. Ayudar a otras niñas a sentirse bien es el verdadero poder de las chicas.

➡ No te dejes abatir por los problemas. Ten en mente que querer a tus papás es también aceptar lo que te enseñan y no siempre querer hacer lo que deseas.

Desconfianza

➡ Posees pureza de intención y honradez. Te conocen por tiernote(a).

➡ Desdichas. No te las calles. Confía en tus padres o hermanos mayores. Siempre estarán ahí para apoyarte.

Desconocido

➡ Es premonitorio, avisa que pronto conoces a esa persona e inicias una buena amistad. También, significa que tienes éxito en los estudios, competencias y deportes.

➡ Inquietudes o ingratitudes de amigo(a) telescópico(a) (porque desde lejos se te nota lo tonto/a) o deseos sexuales insatisfechos.

Desesperación

➡️ A la de ya, te cae una buena nueva que te pone como chinampina de contento(a). La inesperada alegría hace divagar tu mente traviesa.

➡️ Si es de otros, tendrás que ponerte en sus zapatos para consolarlos mejor.

Desierto

➡️ Te llega una noticia o información que es útil y te beneficia.

➡️ No ves ninguna oportunidad o solución a una circunstancia. No desesperes, la hay. Cree en ti y mantén el pensamiento positivo.

Desmayo

➡️ Tu cuerpo recibe una oleada de energía que se traduce en sanos deseos sexuales.

➡️ Se presenta alguna salida para cotorrear el punto que se complica o tus amigos(as) más queridos(as) tienen que irse de tu vida.

Desnudar a alguien

➡️ Tienes ganas de terminar con los rollos hipócritas y la moralina social que no sirve más que para confundir.

➡️ La neta es que te la pasas tratando de descubrir cosas que no existen en la gente.

Desnudez de muchos

➡ ¡Vaya! ya era justo, finalmente te verán escoltado(a) de un forro de chica(o). También, significa que recibes una alegría pronto porque logras obtener buenas calificaciones.

➡ Se te arma el pancho con los jefes, será un encontronazo o eres víctima de engaños.

Desnudez de otro

➡ Si no tienes problemas, te portas buenísima onda con los demás pues los comprendes sin juzgarlos.

➡ Si te produce asco, quieres balconear a esa persona o su relación, pues te "pica" saber el chisme de la temporada.

Desnudez (tuya)

➡ En serio, eres más inocente de lo que dices y eso está bien, pues tienes una alma buena. Te acercas a las/los chicas(os) de gran corazón y nobles sentimientos. Si eres hombre, te encantan las niñas sinceras que luchan por sus sueños.

➡ Actitud vanidosa y exhibicionista ¡no te pases! También significa que no te sientes a la altura de un acontecimiento o de la vida; o tienes miedo de que alguien averigüe algo que prefieres esconder.

Despensa o alacena

➡ Es hora de que te intereses por tu salud, deja de cha-
tear tanto de madrugada o de estudiar para el examen a última hora; desvelado(a) sólo pareces cucaracha fumigada, la pasas del nabo y no resuelves nada.

➡ No es mal plan, pero, te vas a quedar frío(a) de dinero
por unos días. No es para que hagas un drama por no
poder comprarte la faldita o el iPOD que querías, los
tendrás más adelante.

Destierro

➡ Bueno, pues finalmente la vida te hace justicia y resuelves tus rollos después de echarle muchos kilos.

➡ Te sientes chinche por momentos. Hora de usar el
coco para llegarle y conquistar a la/el chava(o) que
andas persiguiendo.

Destitución, despido, jubilación

➡ Para que veas que la Diosa Fortuna si te pela, ahora te
deja perplejo(a) con tu buena suerte. Te llegan oportunidades inesperadas, no te alentes y aprovéchalas.
Sigue a tu corazón.

➡ De otro, significa una enfermedad pasajera. Deja de
ocultar todo el poder y los dones que tienes, no ganas nada escondiéndolos.

Deudas

➡ Pronto te cae una herencia (puede ser incluso la ropa
o el equipo de sonido de tu hermano mayor) o te ves
libre de tus adeudos.

➤ Si te niegas a pagarlas, estás cultivando malos sentimientos, mal de ojo, patrañas y nefastos rollos contra ti.

Diablo

➤ Si lo vences, a tus rivales los mandas al ídem. Te vaticina que la vas a hacer en serio en lo que quieres, rebasando tus expectativas.

➤ Si lo ves solamente, representa a una supuesta amistad que te da noticias o un tip con las peores intenciones. Las circunstancias son raras, truculentas, mafiosas y sospechosas.

Diamante

➤ Te va a llover el dinero o te llega el amor de la temporada, pero esta vez es de ligas mayores.

➤ Cuidado en la disco, el estadio o la cafeta, las uñas largas de los malos de las películas van a estar muy a la orden, apáñate todos tus triques.

Dibujar

➤ En el campo, señala que la fortuna se va a poner de tu lado, con unas ganas que va a parecer que llegó Santa Claus.

➤ Como suele suceder, una buena amistad se pierde por alguien que le da por meter su cuchara donde no lo llaman.

Dientes

➡ Cuando son sanos, significa que físicamente todo va viento en popa.

➡ Perderlos, significa que sientes alguna inseguridad, padeces algún problemilla de salud o pasas por momentos de angustia.

Diluvio

➡ Tendrás ideas geniales, así que ponte las pilas para que no se queden sólo en el tintero.

➡ Ocurren sucesos desagradables en el cole. No aceptes el "haz esto o aquello" para pertenecer al grupo de cuates, compinches, camaradas, hermanos o iniciados(as).

Dinero

➡ Recibes regalos, suerte en juegos de azar y en la lotería.

➡ ¡Huy! te pones la cobija, manto, edredón o el chal de la tristeza por un rato. Te pones de malas cuando te enteras que algo se te ha perdido.

Discurso

➡ Si tú lo das, significa que darás la cara por un amigo(a); si lo escuchas, te advierte que conectes la boca con el cerebro para que no la riegues al hablar.

➡ Posibilidad de que te conviertas en piedra después de oír la aburridora por parte de tus jefes.

Dolor

➡ Esta vez sí que la libras. Sales bien parado(a) de una prueba, así sea el examen final del curso.

➡ Enfrentas ligeros obstáculos. Cuidado con crear un mal ambiente en medio de la flota de cuates.

Domar

➡ De verdad, controla tus emociones y la forma en que las expresas porque te tiras unas histerietas de campeonato.

➡ Estás tentado(a) a hacer el pancho de la temporada, con lo que posiblemente te sientas acreedor(a) al Oscar de la Academia.

Donación

➡ Si la recibes, tus asuntos de dinero van a estar súper. Tu actitud es juguetona.

➡ Darla, pérdida de objetos o bienes. Pero no te ofusques, hay todavía muchas cosas de "a grapa" (gratis).

Dorado

➡ Es premonitorio, te anuncia que vas a ser objeto de bendiciones, reconocimientos y adulaciones. Disfrútalos pues te los has ganado.

➡ Estás verdaderamente preocupado(a) de una forma obsesiva, peor que las películas de *Terminator*, por el dinero y los bienes materiales.

Dote

➡ Dicha en el noviazgo, están enamorados hasta las manitas. Están prendidos el uno del otro, se les desparrama la mermelada.

➡ Pasas un muy mal rollo con tu chica(o). Descubres que es un(a) abandonador(a) serial.

Dragón

➡ Significa que te llega la sabiduría. ¡Wow! Te cae la iluminación acompañada de la neta, la luz y la verdad.

➡ Anda con cuidado y con un repelente a mano: por tu cuadra o colonia las obras públicas sacan a flote ratas, cucarachas, pulgas y demás bichos, no salgas desarmado(a) sin tu matamoscas.

Dromedario, camello

➡ Si lo montas, adquieres una posición de prestigio (cual pachá árabe de películas del cine mudo).

➡ Tendrás que vender alguno de tus preciados juguetes para salir de un apuro. No hay problema, al rato regresan.

Dulces

➡ Comprarlos o comerlos señala que tienes mucha necesidad de recibir cariño, afecto y apapachos. No te andas con medias tintas, las quieres todas.

➡ Las palabras y demostraciones de afecto que te propicia una supuesta amistad son puro teatro.

E

Ebriedad

➤ Salud y riqueza. Debido a tu estrella, se te da hacer amigos con poderosos y encumbrados.

➤ Recibes algo de dinero extra, pero debes economizar. Por ejemplo, llévate el sándwich que te endilga tu mamá para que no gastes en tonterías.

Edificio

➤ Tienes más suerte que Pánfilo Ganso.

➤ Te sientes cero sexy cuando te ves en el espejo. Vas a tener que ir de compras o a la estética para lograr un peinado más moderno. Esos pelos que usas guárdalos para el Día de Brujas.

Elefante

➤ Estás bien protegido(a) para vivir intensamente los momentos más felices.

➤ Temes perder algún bien, estar en peligro o sufrir un accidente, ¿no sabes aún por qué te dicen el/la "Paranóico(a) o don/doña Angustias"?

Elixir

➤ Cuando te des cuenta del cuero que te has ligado, pellízcate.

➤ Ya sé que suena como retahíla de viejita, pero aléjate de la persona que te envenena el alma con chismes y malos pensamientos de los demás.

Embarazo

➤ Te alocas para conseguir una relación estable y feliz.

➤ Temes las consecuencias de tu vida sexual, pues no has usado las medidas de seguridad adecuadas.

Enano, gnomo, duende

➤ Protección; aunque no lo creas, tus maestros están pendientes de ti, en el mejor de los rollos.

➤ Representa a la ignorancia por su pequeñez. Te va a dar risa cuando seas blanco de críticas babosas y ataques de ñoños de enanos mentales.

Encendedor

➤ Inicias un nuevo romance cálido, tormentoso, pasional y con la duración de una llamarada de lanzafuegos de circo.

➤ Temes a la soledad y tener que platicar con el espejo.

Encina

➤ Te espera una larga vida llena de posibilidades. Compártela con quienes ya sabes.

➤ Te urge aprender a guardar el dinero, pues pasas de andar viento en popa a con la popa al viento.

Enfermera

➡ Pronto aparece una persona que te brinda apoyo y hasta amor, también significa salud y seguridad. Por ejemplo, si tienes problemas con alguna materia en el cole, tu corazoncito te ayuda con las tareas escolares y pueden compartir más.

Engaño

➡ No creas nada de lo que te diga el "Terapia Intensiva" (ni sus parientes lo pueden ver), porque la verdad es todo lo contrario.

Enlace

➡ Deseas durar toda la vida con tu novio(a) actual o ingresar a la vida religiosa (que no es lo mismo que entrarle a una banda de culto).

Entierro

➡ Obtienes una unión ventajosa y buenos aliados. No faltan los súper reven, siempre y cuando tengan el permiso de tus papis y cumplas con el horario de casa.

➡ Un hecho del azar puede hacerte sentir *luser*. Por ejemplo, unos pies de queso o la aparición de un barro explosivo en donde menos deseas y que, además, duele.

Entrañas

➡ Te cargas un atractivo que da miedo. Esta vez si atraes como la luz a los mosquitos.

➡ Tu ligue de lujo se frustra o te sientes triste por un buen amigo(a).

Envenenamiento

➡ Tendrás que vencer tus dudas y temores para enfrentar algo importante. Como puede ser la forma de llegarle a la/el chica(o) que te has propuesto.

➡ Aprende que a veces la gente se pasa de lanza. Ese dinero que le prestaste a alguien ahora mora en el país de Nunca Jamás.

Equivocación

➡ La situación da un giro a tu favor de una forma repentina. Ahora ya puedes emprender el proyecto que te has trazado.

➡ No comprendes qué pasa a tu alrededor. Estás más perdido(a) que un perrito en el periférico o que un conejo faroleado en carretera.

Escalera, terrazas

➡ Si las subes, mejora tu economía, lo emocional, tu reputación, tus estudios o atracción del sexo opuesto. Vas por buen camino.

➡ Si las bajas, es que van a pique en algunos asuntos, como la forma en que cuidas del dinero. Reflexiona sobre la manera en que llevas a cabo tus ideas.

Escamas

➤ Tu voluntad te saca de cualquier rollo incómodo que se presente. La locura favorece al valiente.

➤ Tus pasiones están a punto de hacerte perder la cordura. Pareces el monstruo de Tanzania.

Esclavo

➤ Satisfacción por haber cumplido tu deber con dedicación.

➤ Tu rey(na) de corazones, se comportará como un esposo(a) tirano(a).

Escoba

➤ Te es posible deshacerte de las personas indeseables que sueles llamar amigos(as) y a los que, como a los juguetes viejos, se les acabó la gracia.

➤ Como la fidelidad no es tu fuerte en este momento, una aventura amorosa, ¡santa sopa de pollo con arroz!, trae problemas a tu noviazgo.

Escorpión

➤ Tienes una imagen tan, pero tan sexy, que resulta difícil que no te volteen a ver.

➤ Quedas en calidad de charamusca entre tus conocidos, gracias a la acción de enemigos de los cuales no te habías percatado, por lo que es recomendable que te compres unas gafas oscuras para pasar inadvertido. Ahora sí, ni aunque te cambies de *nickname*, te salvas.

Escribir

➡ Recibes buenas noticias o un noviazgo inesperado. Le diste al Melate sin comprar boleto.

➡ Es importante que te fijes lo que se dice de ti en la escuela o entre las amistades. Puedes ser víctima de una acusación para encubrir a otro(a).

Escudo

➡ Como ya sabes, los padres y los amigos tarde que temprano son una fuente de protección a la hora de la verdad.

➡ Te estás dando una vida de monje budista, sumido(a) en la meditación y el aislamiento para evitar que los demás te hagan daño; sin embargo, también te estás perdiendo mucho de lo bueno. Agárralo.

Espada

➡ Tu valor te lleva a alcanzar lo que buscas. Te sientes más sensual, que las puedes todas.

➡ Te previene de la traición y la mala fe, así como de la indiscreción que tú mismo(a) cometes al hablar. Fíjate en lo que dices para no quedar en grave fuera de juego. Pon tus cinco sentidos al salir a la calle. No vaya a ser que te quedes como el Hombre Araña mal estacionado.

Espalda

➤ Estarás en una reunión con las/los chavas(os) más *nice* de la comarca, con la posibilidad de ligar a quien que te gusta.

➤ Te previene sobre falsos amigos(as) que se ríen de ti. Los niños son los más burlones.

Espanto, fantasma, aparecido

➤ Recibes la herencia de un pariente lejano. Por ejemplo, te envía su mascota porque ya no puede entenderla. Sabe que tú la vas a querer y a cuidar mucho.

➤ Pérdidas. Es posible que un cocodrilo sin dientes te quité tu almuerzo o te robe algo de tu mochila.

Espárragos

➤ Satisfacciones familiares o recompensas. Por ejemplo, durante la cena compartes con mamá y papá qué fue lo que más te gustó de tu día y aquello que no te pareció.

Espejo

➤ Posees imaginación y poder contra lo negativo. Eres feliz con tu amorcito. Reconoces la verdad en las palabras y las situaciones. Sabes que cae más pronto un bocón que un cojo.

➤ Te previene de la traición de la/el niña(o) que te cae súper mal o de un(a) divo(a) que se cree el/la muy muy.

Estandarte

➡ Es premonitorio, anuncia que recibirás honores pronto. Parecerás coronel de tanta medalla que te darán. Antes de que aparezcas, se sabrá que vienes por el tintineo.

➡ Estás en serios problemas con tus papás. Anímate a preguntarles cosas, a que te cuenten sus aventuras de jóvenes y a que te den alguno que otro consejito.

Estanque

➡ Haces amistad para toda la vida con el/la chico(a) más lindo(a) de tu colonia. También significa reconocimiento o fortuna.

➡ Penas por los engaños de gente que ni te imaginabas, podrían desearte algo malo. Pero caras vemos, motores no sabemos.

Estrellas

➡ Tienes deseos sexuales y de ternura. Se desatan las emociones de colegial(a). Por eso, el amor a primera vista suele ser entre dos poco quisquillosos y excepcionalmente *hot*. El perfume actúa como un flechazo. Además, significa prosperidad y éxito en los viajes.

➡ Vas a vivir un oso de ultra trágame tierra. La mejor forma de librarte del sentimiento de vergüenza es reírte de ti mismo(a).

Excrementos

➡ Promete riqueza y una mayor libertad en tu relación amorosa para ambos.

➡ Malos resultados en las apuestas, te hace pasar de chavo(a) divertido(a) a demente. Eres un(a) tonto(a) insistente, ya que haces la misma bobada varias veces.

Faisán

➡ Buena salud y popularidad o encuentro con una persona extranjera. El papel que tendrá en tu vida depende de los otros elementos de tu sueño.

Faja

➡ Te vaticina que te casarás con un(a) empresario(a). Es como el cuento de la Jenycienta, cuando un día el príncipe del país se levantó y dijo: "Hoy voy a hacer una fiesta con gogós y DJs."

➡ Te sometes a alguien que te da alas para cortártelas después (o alguna finura por el estilo). O no puedes resolver una situación hablando abiertamente. ¿Te suena?

Falda

➡ Si eres hombre, te gusta una chica que ya conoces; si eres mujer, te promete el encuentro amoroso con un nuevo guapetón.

➡ Si es mini, se te acercan con malas intenciones; si es larga, se burlarán de ti. Si está sucia, sufres una desilusión; si está manchada, significa habladurías a tu alrededor y calumnias. Verla remendada, te advierte que las amistades masculinas no te apreciarán como es debido. Ver a un hombre con una falda indica vergüenza y desgracias.

Falo, pene

➡️ Tu personalidad tan segura y natural te convierte en un imán perfecto para los(as) chicos(as). Gracias a tu vanidad, te pones una superenfiestada.

➡️ No controlas tus pasiones, te comes vivo a cualquiera que se te pone en frente. Eres irreverente, rebelde y extremo(a). Por eso, las broncas y las palizas son más feroces y frecuentes.

Fama para ti

➡️ Tus ambiciones están fuera de tu alcance. Tienes la cabeza llena de frutilupis, pon los pies en la tierra. Si ves un(a) amigo(a) como famoso(a), significa que temes perder su amistad y lealtad. En este caso, no cometas autosabotaje.

Familia

➡️ Si está rodeada de un buen ambiente, simboliza armonía y felicidad, así como un viaje próximo o alguien que anda tras tus huesitos.

➡️ Si el ambiente es triste, es un aviso sobre una desilusión o decepción. Sientes que tu papá no tiene tiempo para llevarte a nada, ni para oír tus cuentos. No te claves, el tiempo lo dirá todo. También, representa a un pariente angustiado que piensa en ti.

Famosos

➤ Un encuentro con un famoso significa que pronto recibirás una oferta interesante, conveniente, benéfica. Experimentas cambios positivos en tu vida o cumples un objetivo.

➤ Menosprecias tus cualidades. ¿Por qué no usar la energía en lograr tus metas, en lugar de gastarla preocupándote de lo que podría ocurrir? Actúa sin miedo, pero pensando.

Fantasma

➤ Estás en la mira de alguien que quiere ser algo más que una mera amistad, además pasan juntos ratos súper alegres.

➤ Te ponen a prueba con tentaciones y engaños de conquistadores(as) que no tienen las mejores intenciones.

Faro

➤ La fábrica de ideas locas empieza su producción para iniciar mega planes que se cumplen a largo plazo.

➤ Cuidado con los enemigos peligrosos. Está más alerta ante los que se encuentran agazapados. Saca las antenas. Este mundo esta lleno de Fredys Krugger.

Feria

➡️ Has superado algún pequeño estancamiento en tus proyectos, momento ideal para replantear lo que sigue y ponerte en acción. Piensa en los cambios como algo emocionante.

➡️ Te inquietan a varios problemas (asuntos familiares y necesidades). No atinas cuál atender primero. Llegó la hora de consultar con la almohada, el oráculo, las estrellas y más atinadamente a amigos o a tus seres queridos sobre cuál rollo tienes que resolver primero en tu vida.

Ferrocarril, tren, locomotora

➡️ Se te hizo el asunto con la/el chica(o) que te gustaba desde hace un buen. Tus amigos te dicen que está loquito(a) por ti, pero no se atreve a decirlo. Requieres de mayor impulso para superar los obstáculos de tus metas. Es importante que te des tiempo para estudiar, leer más libros, poner mayor atención en clases. Acércate al profesor y consúltale tus dudas.

Feto

➡️ Simboliza el desarrollo de una nueva relación o idea. Algo creativo está a punto de ocurrir. Ligas de la mejor manera, paso a pasito.

➡️ Te dan ñañaras y hasta lanzas una alarido cero *cool*, porque experimentas algunas dificultades en tu vida o en una relación.

Fidelidad

➡ Piensa antes de clavarte con tu amorcito querido. Una vez que lo hayas hecho, vuélvelo a pensar y, si tienes otro ratito, piénsalo de nueva cuenta.

➡ Decide con la cabeza, no te claves en intensidades.

➡ Mal momento familiar. Como siempre, nunca falta el ñoño que le llama a tu mamá y le cuenta que estás en un reven y no estudiando en casa de alguien, como le habías dicho.

Fiebre

➡ Estás clavado(a) en serio con lo que te has propuesto. Todo bien, mientras no te dé por exagerar.

➡ Albergas sentimientos negativos. Te portas como ogro(a), gritón(a), loco(a) y maniaco(a) con los amigos o compañeros de escuela. Encuentra la mejor manera para expresar tus emociones.

Fiesta

➡ Felicidad pasajera si asistes a la celebración. Momento de darle una renovada a lo que guardas en el armario y llamas ropa del momento.

➡ Para quien la ofrece, malestar temporal. Si es de disfraces, estás rodeado(a) de falsos(as) amigos(as). Si estás solo(a), hechas de menos a alguien querido que está a muchos kilómetros de distancia.

Figuras geométricas (círculo, trapecio, rombo, cuadrado, rectángulo, prisma, cilindro, cono, etcétera)

➡ Literalmente, le estás hallando la cuadratura al círculo en lo que se refiere a tu persona, tus planes, tus ambiciones y convicciones. Buscas a alguien que te ame de verdad, que sea detallista, piense en ti y te haga feliz.

➡ Desconcierto y confusión que te impide ver el real tamaño de algunos problemas. Por ejemplo, sientes que un maestro te hace la vida imposible cuando lo único que quiere es que apruebes el curso. ¡Ponte pilas!

Flor

➡ Si es de color, te trae amabilidad, compasión, sensibilidad, placer y belleza. Es una expresión del amor, la alegría y la felicidad. ¡Envíale un beso virtual!

➡ Si es blanca, representa la tristeza; si está seca, simboliza decepción y situaciones tristes. No sabes aprovechar todo tu potencial. Elimina de tu cabeza el miedo a equivocarte. Es posible que te bloquees a ti mismo(a) por el temor que te da equivocarte o fallar.

Flores (ramo)

➡ Si te las regalan, es señal de respeto, admiración y reconocimiento hacia ti. Tu buena vibra te ayuda a superar tus problemas. Con un poquito de ganas, aprobarás hasta las materias más complicadas.

➤ Añoras amistades que no logras ver por falta de tiempo o espacio. Así que invítalas a la casa y sorpréndelas o envíales una tarjeta. ¡Eso les va a encantar!

Fósforo, cerillo

➤ Encuentras que tienes motivadores especiales que no habías tomado en cuenta: las primeras miradas, los detalles, el primer beso (¡uyyy, qué lindo!), una amistad, las pláticas con la familia, etcétera.

➤ Se confirma algo que sospechabas de tu galán(a). Por ejemplo, tú juraste que después del mega beso que te plantó seguramente te consideraría su novia(o), pero se portó de lo más indiferente contigo.

Fotografías

➤ Si son de una persona conocida, llámale o conéctate con ella en el chat pues ésta te quiere decir algo. :-S (indica: me faltan las palabras).

➤ Si son antiguas, estás melancólica(o) queriendo vivir cosas del pasado o sigues enganchada(o) a tu ex. Intégrate en actividades que te gusten y conoce nuevos chicos(as). Échale ganas y motívate a ti misma(o). Adoptar una actitud positiva es mega importante.

Frente

➤ Si es amplia, es señal de que crecen tus bienes materiales y que tienes talento; si es linda, significa espiritualidad. Te la llevas tranquila con tu galán(a). Comparten los juegos electrónicos, las clases, el cine y las excursiones.

➡ Si es estrecha, pérdida de dinero, pleitos familiares (como cuando preguntas a tus padres: "¿No confían en mi?") Si está herida, es señal de truene con la pareja; si arrugada, simboliza preocupaciones y problemas.

Frente abultada

➡ En el mejor de los planes, es necesario que hables con firmeza, claridad, directamente y sin tapujos con alguien. Dile *bye* a los malos entendidos.

Frente de acero o de bronce

➡ No perdonas a tus enemigos, tienes pleito cazado con ellos. Evita mal vibrarte viendo a un maestro como a un demonio del más allá. Mejor, pregunta en todas sus clases, aunque no te interese demasiado el tema; a los profesores les gustan los alumnos participativos.

Fresas

➡ Recibes un inesperado beneficio: un paseo, un regalo, un encuentro o visita, un punto extra en la tarea, etcétera.

➡ Te rodean o cuentan falsedades. No les prestes atención, esa gente tiene el cerebro más hueco que una cueva. Las emociones o gestos fingidos siempre se notan.

Frío

➡️ Te sientes más cerca de dios o recibes la visita de una personalidad. ¡No es choro! Así que saca la libreta de autógrafos.

➡️ Te sientes solo(a). Todo será mejor si eliminas esa cara de que algo huele mal todo el tiempo y las frases: "Me choca...", "Odio a..."

Fruta

➡️ Se acerca un periodo de crecimiento y abundancia. Eres tierna(o) y sensual, teniendo a varios chicos(as) a tus pies. Sabes perfecto cómo darte tu lugar, pero, al mismo tiempo, estás abierta(o) a nuevas experiencias.

➡️ Engaños de una chava que, por ejemplo, con súper mala intención te mete el pie para que te caigas cuando llevas vestido.

Fuego

➡️ Tienes comodidades, salud, abundancia y festejos. Algo viejo está a punto de terminar y algo nuevo va a entrar en tu vida. Tus pensamientos y opiniones cambian. Si el fuego es controlado, simboliza tu motivación y transformación interior.

➡️ Pleitos, peligros. Si te quema, tu genio está fuera de control. Distorsionas tu romance hasta volverlo un drama de peso completo. O un problema te arde por dentro, ¿arrepentimiento?

Fuente o riachuelo transparente

➡ Pronto obtienes reconocimiento y honores. Si brota en casa, te surgen nuevas ideas y proyectos. Actúas con el corazón y en la más buena onda. A un(a) amigo(a) le lates para algo en serio.

➡ De agua turbia, significa rivalidades. Tu chico(a) podría caer con facilidad en las redes de otra(o) niña(o).

Funeral

➡ Si es el propio, es el punto final de una situación. Como reprimes tus sentimientos, el sueño te anima a aceptarlos en vez de intentar olvidarlos. Si el funeral es de otro, quieres enterrar algo del pasado o una emoción negativa hacia esa persona. Mejor, perdona siempre a tu enemigo, pero nunca olvides su nombre.

Funeral de padre o madre

➡ Expresa tu deseo de liberarte de los límites que te imponen tus padres para lograr la independencia que hasta ahora no has tenido. Por ejemplo, cuando te obligan a comer la ensalada horrible que prepara tu abue para que ella no se moleste.

Fusilamiento

➡ De otro, vences a tus rivales porque sabes algo escandaloso sobre ellos. Por ejemplo, que tu archienemiga, rellena con algodón su bra.

Si es a ti, hay peligro de que padezcas una enferme-dad o pena inesperada. Por ejemplo, que tu mejor amigo(a) le dijo a la/el chica(o) de tus sueños ¡que mueres por ella/él!

Futbol

Si lo juegas o ves un partido, te vas a sentir muy satis-fecho de tu trabajo y poco a poco irás realizando tus objetivos. Es decir, meterás goles. Así, dejarás de con-siderarlo un deporte de lelos, curándote de tu fobia futbolera.

Futuro

Representa las esperanzas o inseguridades que sientes ante el porvenir y lo desconocido. Vive el momento, no te preocupes por el futuro y, si en algún momento, cambias de opinión, ¡no pasa nada!

Gacela

➡ Simboliza a tu chica(o) amada(o), con quien tuviste una superquímica en menos de una micra de segundo, a la/el que quieres darle besitos, mandarle cartitas y regalitos.

Gaita

➡ Recuperas la salud y de nuevo te miras súper *cute*. Así que sal embutida en un vestido llamativo, sin que falte la sonrisa.

➡ No consigues un deseo porque era algo súper caro y tus papás ni locos te iban dar tanto dinero para comprártelo. Recuerda: con paciencia, el cielo se gana.

Galantería, caballerosidad

➡ Posees salud, prosperidad y armonía en todas tus relaciones sentimentales. Estás hecho(a) un(a) rompecorazones.

➡ Sufres la inconstancia en el amor; sin embargo, evita armarle escenitas de desconfianza a tu chico(a). También indica que no pidas nada prestado.

Gallina

➡ Prosperidad. Podrás, entonces, comprarte el último celular mega tecnológico.

➡️ Disgustos por problemas familiares. Habla con tus padres, puedes llegar a un acuerdo. No viven en un universo paralelo.

Gallo

➡️ Te advierte que debes estar alerta, vigilante. Activa tu súper radar. Si escuchas, aprendes lo que otras personas piensan y hacen. Si observas qué modelo de celular tiene un bombón, qué marca de *jeans* prefiere y qué música escucha, tendrás tema de conversación con él/ella, ¡chécalos!

➡️ Te ves envuelto(a) en riñas. Por otra parte, avisa que hay que cuidar a tus hermanos menores. Pueden darse un golpazo marca llorarás.

Garganta

➡️ Si la miras, serás dichoso(a) en el amor; pero recuerda: un romance sin beso es como un macarrón sin queso.

➡️ Si te duele, significa problemas de dinero, pues alguno de tus chistecitos te salió en un buen billete.

Gas

➡️ Encendido, indica fortuna y riqueza. Ese mega agujero que sientes en el estómago también es parte de la diversión. Recuerda, la risa es un tranquilizante sin efectos secundarios.

➡️ Es premonitorio. Presagia una auténtica fuga de gas o robo en casa. Hay que tomar medidas preventivas. Donde menos se piensa, salta la liebre.

Gato

➡ Recibe protección tu romance. No necesitas hacer grandes cosas para que tu bombón muera por ti. No olviden ser románticos; ¿qué tal escribirse una carta muy cariñosa o hacerse mutuamente una bonita tarjeta? También significa que superas grandes obstáculos y logras buena reputación.

➡ Te advierte de enemigos o de una traición en el amor. Si el gato te ataca en el sueño, representa a tus enemigas. Son malvadas enciclopédicas, pues saben un montón de malos rollos.

Gavilán

➡ Triunfos, fama y buena estrella. Con tu chico(a) te la pasas pegado(a) como calcomanía. ¡Tal vez se la pasan tan juntos para hacer el bizco y verse idos veces!

➡ No actúes de mala fe, pues aunque ofrezcas disculpas, ¡los demás saldrán corriendo! ¡Cómprate un(a) amigo(a) y cárgalo(a) a mi cuenta!

Gemelos

➡ Si lo sueña una mujer embarazada, representa un feliz parto. Para todos los demás, vaticina buena estrella y bienestar. Representa una etapa de ilusión y de afecto sincero en donde no comes, no duermes y el mundo prácticamente gira alrededor de tu persona favorita.

Gente

➡ Te invitarán a una boda donde te sentarás al lado de el/la chico(a) más guapo(a). Di algunas frases para romper el hielo, unas preguntas, risas, y, más tarde, dedícale una mirada.

➡ Por más esfuerzos que haces, no puedes ligarte al chico(a) de tus sueños. Así que te dan ataques de locura romántica. Por ejemplo, escribes su nombre setecientas mil, chorrocientas veces en tu cuaderno.

Gitano

➡ El romanticismo te ataca, te conviene poner los pies en la tierra y ver a las personas como verdaderamente son, no como quisieras que fueran. Un amigo no es el que te hace reír con mentiras, sino el que te hace llorar con sus verdades.

Globos

➡ Son símbolo de celebración, así que reirás hasta que te duela la panza. Si vuelas en un globo, ya has superado una depresión, que es común a tu edad, pues crecer produce muchísimas e intensas dudas.

➡ Significa que te consideras un(a) ultra genio. También, representan que tus esperanzas para lograr el amor se frustran. Si los globos son negros, indican depresión; si explotan, un objetivo no se realiza o sientes que el mundo se te viene encima.

Gorra

➡ Anuncia un nuevo amor o la invitación a un suceso (tardeada, concierto, reunión con tus suegros). Si te la quitas, recibes muestras de generosidad o descubres un secreto.

➡ Guarda discreción con tus infidelidades o te vas a quedar como el perro de las dos tortas.

Gotera

➡ Representa al mundo de las emociones, sentimientos y deseos.

➡ Es agua o humedad que causa deterioro. Anuncia circunstancias incómodas. Por ejemplo, tu mamá te trata como bebé enfrente de tus amistades y hasta se atreve a hablarles de cuando eras chiquito(a).

Gracia, favor, gratificación

➡ Si haces un favor, te promete un matrimonio feliz y una herencia.

➡ Si das una recompensa injustamente, te advierte que seas más caritativo. Trata a los demás como quieras que te traten a ti. Si no aprendes a confiar en los demás, difícilmente lograrás que ellos confíen en ti.

Granizo

➡ Se enfrían los sentimientos en tu noviazgo, hay dureza de corazón en tu media naranja. Si tu amorcito te menosprecia, lastima u obliga a hacer cosas con las que no estás de acuerdo (sexo, drogas, alcohol, etcétera) corta de inmediato.

Granja

➡ Significa prosperidad y alegrías. Un(a) chico(a) te mueve el tapete como nunca. Hasta tu celular lo(a) echa de menos.

➡ No prestes dinero o dalo como un regalo, pues nunca te lo van a regresar.

Grieta

➡ Encontrarás un tesoro: un(a) chico(a) con el(la) que puedes divertirte, compartir, llorar, reír, querer. Un(a) amigo(a) que lo sabe todo de ti y, a pesar de todo, te quiere.

➡ Es señal de pleitos. Pregúntate si no estás enganchado(a) con tu niña(o) más por enojo, capricho o culpa que por una química pura. El amor a primera vista suele acabarse a la segunda.

Grillo

➡ Anuncia el nacimiento de un bebé o próximo embarazo. También da noticias de buenos comienzos; por ejemplo, del inicio de un nuevo año escolar.

➡ Sientes un vacío en tu corazón súper difícil de llenar.

Gris

➡ Es un periodo de transición. Busca una meta que te motive. Es importante que tengas una buena causa para seguir adelante. Si el tono del gris es claro, representa paz.

➡ Si es oscuro, representa miedo. Si en cuestión de calificaciones estás en la cuerda floja, urge que hagas algo para salir del paso. Por ejemplo, en vez de dejar un ejercicio sin hacer, escribe lo que podría ser el principio de su resolución y añade "me trabé en un ejercicio y no me quedó tiempo para terminar éste". Si sabes algo, explica por encimita cómo lo hubieras hecho.

Gritos

➡ Recibes revelaciones sobre tu futuro que pueden ser a través de las palabras de tus mayores. No hagas oídos sordos y atiéndelos.

➡ Pronto sabrás de una pareja que tiro por viaje hace su mocodrama o llega a los gritos.

Guantes

➡ Serás feliz, tienes a más de un(a) chavo(a) babeando por ti. No dejas todo a la vista y no demuestras todo a la primera, sabes cómo conservar el misterio.

➡ Experimentas incomodidades que te inquietan mucho, pues se acabó el sistema democrático en casa. Tus padres han tomado medidas dictatoriales.

Guerreros

➤ Representan a tus antepasados; para saber qué te quieren decir, toma nota de los otros elementos del sueño. También, anuncia la próxima invitación a una boda.

➤ Sufres un conflicto interno. Aunque crees que estás súper enamorado(a), piensas que no vale la pena seguir con él/ella. Pero le das más vueltas a la situación que una galleta dura en la boca.

Guisado

➤ Si lo preparas o comes, indica nuevos romances. Das entrada a muchos(as), pero nada de clavarte con ninguno(a). Tener confianza en uno(a) mismo(a) está perfecto, siempre que no te pases de la raya.

➤ Procura no ofender a una persona querida. Si el platillo está elaborado con conejo, representa chismes de mujeres (¡que milagro!).

Guitarra

➤ Para quien la toca y, además, canta, significa apoyo y protección de quienes lo aman. También indica que te encuentras, de forma inesperada, con alguien que hace mucho tiempo que no veías o recibes noticias favorables. Ten por seguro que todo aquello que quieres lo vas a conseguir, porque te esfuerzas.

Gusanos

➡ Eres perseverante en un tema que requiere de mucha dedicación, como el aprendizaje de las ciencias exactas o las biológicas.

➡ Si es uno solo, algo negativo pasa en tu vida; si son varios, representan lo más rastrero (personas carentes de sensatez, cariño y respeto), así como pobreza y violencia.

Habitación

➭ Siempre te representa a ti mismo(a); para saber qué te ocurre hay que analizar cada objeto que contiene, ¡qué emoción!

➭ Si ésta es grande, significa que el éxito en lo que te propones está a punto de alcanzarse.

➭ Si es pequeña, representa un fracaso o tristeza. No te confíes, los maestros te pueden tronar de una forma impredecible. Explícale al profesor que estás teniendo dificultades; probablemente te recomiende un libro o te ponga un trabajo para que subas tus notas.

Hacer el amor

➭ Tu subconsciente te dice que debes expresarte de forma más abierta o que estás en una etapa en que pones en duda tus ideas sobre el sexo, matrimonio, amor etcétera. Si lo haces en público, refleja una carencia o asunto relacionado con tu sexualidad o persona.

Hada

➭ No tienes ningún problema en dejarte seducir por una chica. Será extra *hot*. Lo importante es el amor. Alegría y felicidad a tu alrededor.

➭ Tienes algunos pesares por una seductora, por la eterna duda: ¿me quiere, no me quiere? Si el hada está triste, simboliza la pérdida de amor o dinero.

Halcón

➡ Tu éxito provoca celos. Diles que la envidia ocasiona celulitis, manchas en la cara, acné y hasta atrae los hongos en las uñas.

➡ Si cae, te traicionan unos(as) supuestos(as) amigos(as). Estás a punto de descubrirlo y eso te causa pena.

Hambre

➡ Quieres expresar tus deseos para el futuro. Quieres vivir con valores sinceros: amistades más estrechas e íntimas y los gustos definidos.

➡ No te sientes que la haces en algo (poder, dinero, sexo o fama). También, puede ser que realmente tengas físicamente hambre, ¡cena más!

Harapos

➡ Una persona te ayuda o te hace favores de una manera desinteresada.

➡ Carencias o sufrimientos. Por ejemplo, ¿qué te estresa más: hacer el examen o esperar el resultado?

Hebilla

➡ Disfrutas de protección o se disipan tus sospechas. El bombón lleno de músculos y tatuajes, con cara de chico malo, en realidad es un angelito, que requiere de mimos y cuidados.

➡ Estás en una actitud a la defensiva. En el ácido efervescente de la espera a que alguien te ataque.

Helado

➤ Sientes plena satisfacción en tu vida. También, simboliza buena suerte y éxito en el amor. Le lates a tu adorado(a), te busca y por muy tímido(a) que sea encuentra la forma de estar cerca de ti.

➤ Si no tiene sabor, significa decepción y tristeza. Si se derrite, sientes que eres incapaz de realizar tus deseos y esperanzas. No puedes amar a alguien a quien no le importas ni medio cacahuate.

Helicóptero

➤ Persigues tus objetivos, pues el aparato simboliza tu ambición y tus logros. No quieres llegar a mayor y preguntarte qué has hecho o, peor aún, qué no has hecho y por qué.

➤ Si estás dentro del artefacto, vives más allá de tus posibilidades o empiezas a experimentar una mayor libertad. Pero no le falles a tus papás, ¿cómo van a confiar otra vez si los engañas o te ven llegar como una cuba todas las veces que dices que vas a estudiar?

Herida

➤ Si es tuya, significa que obtienes logros y corresponden a tus favores, lo que te hace sentir de maravilla. Los amigos son como una inversión en el banco: cuanto más tiempo los tengas, más vale su amistad.

➤ Si es de otro, es un mal presentimiento de recelo o de que se aproximan enemigos(as) con todo y su falsa sonrisa. Vas a tener ganas de ahogarlos(as) en el WC.

Hermano(a)

➡ Tu vida económica es estable. Si te peleas con tu hermana, significa que en tu vida familiar estás bien. Si no tienes hermanos y sueñas con ellos, es porque te gustaría tener uno y tener sus cualidades. ¿Cómo te quedó el ojo?

➡ Deseas ser protegido(a) cuando aparecen los problemas. Así que, si no puedes morder, no muestres los dientes.

Hielo

➡ Recibes la buena cosecha a tus esfuerzos. Si se está derritiendo, significa un cambio personal positivo. Patinar sobre hielo indica que tu esfuerzo por fin será reconocido. Como dicen: "A toda capillita, le llega su fiestecita."

➡ Eres frío(a) con los demás. Te sientes una plasta y haces todo por pasar inadvertido(a). Si echas cubitos de hielo en vasos, advierte que aproveches más tu tiempo.

Higo

➡ Significa placer y felicidad. Comerlos, resolución de problemas. Si son frescos, implica momentos de felicidad en tu hogar. Si los recoges, tendrás un próximo éxito en un proyecto reciente.

➡ Te advierte que disminuye tu buena suerte. Si están secos, penas y dificultades. Tus papás no pueden ver a tu novio ni en pintura.

Hilar, tejer

➡ Creatividad y preservación de la vida (cuidado del agua, de tus mascotas, la ecología, de los colibríes). Lo que puede comenzar como un romance, bien puede terminar en un relación estable. Con seguridad, tienes el apoyo de una mujer que te da tranquilidad.

➡ Enfrentas muchos trabajos y desazones. Piensa que estar con alguien que ya no te late no le hace bien a nadie.

Homosexualidad

➡ Si eres heterosexual, expresa una mayor autoestima. Regálale a tu amor una mirada coqueta (tú sabes cuál es la que mejor te queda).

➡ Miedo a personas del sexo opuesto, desarmonía entre tu parte femenina y masculina. Antes eras indeciso(a). Ahora... no sabes.

Horno

➡ Si está prendido, representa a una buena mujer o a tu madre y aquello que te hace cómoda la vida.

➡ Si está apagado, penurias económicas. Así que si por eso no puedes salir con tu bombón, mándale este MSN de amor: Tucorazon.com está en mi página de inicio.

Hospital

➡ Anuncia que recibirás una herencia familiar. Te dan dinero por tus buenas calificaciones y decides irte de compras.

➡ Advierte sobre privaciones materiales o del peligro de ser el tercero en discordia. O de plano, ¿te gusta tanto un(a) chavo(a) que tu instinto de sobrevivencia se nubla con sus encantos?

Hotel

➡ Gustas de la aventura pasajera o te sientes extraño(a) en presencia de los amigos o compañeros. Recuerda que un amigo es alguien que sonríe cuando tú sonríes, se ríe cuando tú te ríes y te sostiene la mano cuando tú lloras.

➡ Sientes remordimiento por una infidelidad o miedo a una decepción amorosa. El romance deja el terreno de lo complicado para volverse imposible. Lagrimitas sinceras.

Huevo, blanquillo

➡ Ganancias, buenas noticias que ¡te van a encantar! o embarazo.

➡ Desilusiones, temes un fracaso sexual o un embarazo indeseado. Pasar a la cuarta base es una de las decisiones más importantes que tomes en esta etapa.

Huída, persecución

Te agarran con las manos en la masa o tienes prisa por terminar con algún problema que te parece una bobada. También, significa que, pese a que ha llegado la hora de empezar a buscar tu destino, no quieres dejar atrás lo que te impide que sigas tu camino. Te niegas a aceptar un punto de vista o idea. Si tú eres el/la perseguidor(a), no se te concede la autoridad que quieres. Por ejemplo, ser el/la capitán(a) de tu equipo deportivo. Además, señala que te sientes acosado(a) por los problemas. Evita hacer mal para que no te persigan.

Iceberg

➤ La relación que consideras más importante en tu vida puede venirse abajo. La peor forma de extrañar a alguien es estar sentado(a) a su lado y saber que nunca será tuyo(a). Si tienes muchas dudas o de plano no entiendes nada, busca el consejo de un adulto.

Iglesia

➤ Recibes consuelo, regocijo, regalos y beneficios. Si ves su exterior, representa tus valores y las cosas que consideras sagradas. Si estás adentro, buscas apoyo para seguir el camino correcto o te preguntas qué quieres hacer.

➤ Recibes noticias de un fallecimiento.

Iluminaciones, luces naturales o artificiales

➤ Significa alegrías. Sonríes cuando tu angelito(a) te manda un SMS o te pregunta algo en la clase. Esos momentos son increíbles, piensas que es más dulce que la miel. Sé feliz.

➤ Ten cuidado con los juegos de azar o te van a dejar en cueros.

Imán

➤ Piensa qué deseas atraer a tu vida, qué quieres en tu mundo. Si crees que hay un(a) chico(a) perfecto(a), ¡cuidado! Recuerda, eso no existe.

➤ Recibes adulaciones. Como siempre que te quieres lucir, algo malo tiene que pasar. Ponte buzo(a).

Incendio

➤ De una casa, representa pasión y amor. Te dejas apapachar aguuuusto. Si apagas el fuego, superas obstáculos a través de mucho esfuerzo y trabajo.

Incesto

➤ Deseos de integrarte, destacar y progresar en las artes. Así que sigue tus sueños, ¡no tires la toalla! Para conseguir lo que quieres, actúa. Pierdes 100% de las oportunidades que no intentas. Pide consejos y ayuda si lo crees necesario.

Indígena

➤ Es un buen presagio. Conoces a un(a) chico(a) súper tierno(a) y carismático(a) y, sin darte cuenta, poco a poco caes en sus redes.

➤ Si eres perseguido(a) o capturado por él, te enfrentas a problemas de poca importancia. Por ejemplo, toparte con las tres niñas que más te chocan de la escuela.

Infancia

➡ Representa la inocencia. Estás listo(a) para caer redondito(a) en los brazos de ese cuerazo.

➡ Deseas volver a una etapa en la que no tenías responsabilidades ni preocupaciones. Por otro lado, hay una parte de tu niñez que todavía no integras o resuelves, ¿captas? Consúltalo con la almohada.

Infidelidad

➡ Expresa tu sentido de culpa por tu relación anterior. Por otra parte, te sientes insatisfecho(a) con tu unión actual y buscas emociones excitantes. Por ejemplo, tus papás llegan cuando comienzan a ponerse las cosas ¡calientes!

Infierno

➡ Inicias nuevos estudios. Por ejemplo, la ciencia no la ves con los ojos aburridos de un profesor de secu promedio, sino como un descubrimiento constante, plagado de experimentos sucios y divertidos.

➡ Te advierte que moderes tu conducta y evites excesos. ¿Te conviertes en una especie de Hulk con pelo largo y rimel? También indica que sufres una situación de la que te parece imposible escapar. Tal vez dejaste a otro tomar tus decisiones y te preocupa no tener el control. ¿Querías hacerte chiquito(a) de la pena? Deja de castigarte a ti mismo(a) y relájate.

Infortunio

➡ Anuncia una felicidad próxima. Por ejemplo, recibes un súper regalo de tus papis: ¡una moto! emocionadísimo te mueres por estrenarla.

➡ Graves pesares porque te abandonan en el ciberespacio, sin contestar tus cartas y mensajes; o te viborean o te pusieron en la lista negra.

Insectos

➡ Simbolizan la sensibilidad y lo exacto. A veces se interpretan como mensajeros divinos, dependiendo de los otros elementos del sueño. Promete la solución de un misterio. Por ejemplo, descubres que los/las chicos(as), cuando quieren contigo, se aplican.

➡ Representa pequeños obstáculos a superar. Por ejemplo, deja que pase un periodo de desintoxicación para que termines de exorcizar a tu ex.

Instrumentos musicales

➡ Recibes consuelo, alegría y curación a una enfermedad de cuerpo o emocional. Tienes amor, amigos, contactos, buen rollo con tus compañeros. Los amigos son ángeles que te ayudan a volar.

Inundación

➡ Te enfrentas a luchas y emociones difíciles. Por ejemplo, cómo derrotar a un(a) competidor(a) en la conquista de tu chico(a). Si el agua es turbia, representa tensión nerviosa. Tus emociones reprimidas empiezan a desbordarse como si fueran una cloaca. Y entonces, como se dice, tienes olor a chivo en africano: Tu tufo me tumba.

Invierno

➡ Si lo sueñas durante las otras estaciones del año, consigues muchos buenos amigos(as) cuando menos lo esperabas. Los compis son lo más importante. Tendrás ganas de comerte al mundo y hacer mil cosas a la vez. Si sonríes cuando te salen mal las cosas, es porque ya sabes a quién echarle la culpa.

Invisibilidad

➡ Significa diálogo interior y profundización en ti mismo(a). Intentas retirarte de las realidades de la vida para hablar con "Mi Mismo(a)". Y te dices "te quiero (creo que sólo te lo he repetido un millón de veces)".

➡ Te da miedo que los demás no reconozcan tus méritos o logros. Piensas que estudiar es desconfiar de la inteligencia del compañero de al lado.

Inyección

➡ Si te aplican una, muestra tu falta de autoestima y que tu peor enemigo(a) eres tú mismo(a). Quédate con lo bueno y pasa de lo negativo. Si se la colocas a otra persona, expresa tu agresividad. Así que cuestiónate: ¿Qué hago para combatir mi violencia?, ¿contar hasta 10 y soltarle luego un zape?

Isla

➡ Si estás acompañado(a), significa diversión y si, además, el agua que la rodea es limpia, vas a vivir cosas inolvidables. Tu objetivo prioritario: divertirte.

➡ Aislamiento. Si estás solo(a), es porque te sientes mal contigo mismo(a) por algo que no has hecho bien. Por ejemplo: "Me levanté el lunes para ir el martes a la escuela, pero viendo el miércoles que el jueves iba a llover, dije el viernes para qué voy a ir el sábado si el domingo es fiesta." Perdónate, no fue para tanto.

Jabalí

➡ Valor, audacia, victoria. No te cortas ni un pelo. Eres como Pancho Pantera.

➡ Llevas una vida desenfrenada o tienes ideas suicidas. Habla con tus padres sobre cómo te sientes, son quienes más te aman y te ayudarán incondicionalmente. No los veas como raros, maniáticos o aguafiestas a quienes hay que combatir o ignorar.

Jabón

➡ Si te enjabonas para afeitarte o depilarte, resolverás los problemas que tienes; si lo haces mientras te duchas, recibes un correo que te hará feliz.

➡ Enredos en tus asuntos. Aún estás a tiempo de pasar esa asignatura que se te ha atragantado todo el curso. No te falles a ti mismo(a) y sigue trabajando.

Jacal, choza

➡ El amor por tu CMB (Cosa Más Bella) está por encima de cualquier incomodidad.

➡ Tus expectativas materiales no se han cumplido. Con tu optimismo como bandera, las cosas te saldrán fenomenal.

Jaguar

➤ Representa velocidad, agilidad y fuerza. Tienes todo a favor para obtener tus ambiciones, así que lánzate.

Jamón

➤ Si está en buen estado, tus relaciones mejoran, ¡no paras! Y hasta ¡se acercan para robarte un rico beso!

➤ Si se encuentra en malas condiciones, hazte un chequeo médico. Avisa que pronto puede presentarse un problema de salud. Más vale prevenir.

Jarabe

➤ Si te lo dan, significa que lo que creías que iba bien va a ser un desastre e ibas a salir perjudicado(a), te da un rotundo éxito. Te organizas mejor que nunca. Es una más de tus disparatadas aventuras.

Jardín, parque, paseo arbolado

➤ Alegría, bienestar, seguridad, felicidad y prosperidad. Si hay árboles frutales, nunca dejarás la ciudad donde vives, estás muy unido(a) a ella.

➤ Escuchas a un patán que se jacta de tener relaciones sexuales con una chica. No le creas ni media palabra. Merece todo tu desprecio.

Jaula

➡ Si tiene un pájaro, significa libertad y la sanación de una enfermedad. Buen augurio pues anuncia soluciones concretas. Si la abres o la rompes, estás libre de contratiempos.

➡ Si está vacía, hay peligro, obstáculos, indica una época de dificultades, engaños, decepciones y pérdidas. Si estás prisionero(a) en ella, los acontecimientos irán en tu contra y anuncia soledad.

Jeans, mezclilla

➡ Firmeza y seguridad en tus propósitos. Conquistarás a quien te propongas. Ellos/ellas te admiran por tu personalidad. Arrasas con tu nueva imagen.

➡ No reveles tus secretos, tus confidentes se doblarán de la risa y los harán públicos. No te expongas a que te rompan el corazón o te pateen.

Jirafa

➡ Previene de las amistades falsas que te rodean. Se ganan un tache, no todo en la vida es juerga y diversión. No son por completo inútiles, por lo menos sirven de mal ejemplo.

Jorobado

➡ Buena suerte en el amor, andas como uña y mugre con tu galán o la heroína más chic del momento, mañana, tarde y noche. Tu agenda está repleta. No dejes de ir a ninguna fiesta.

Joyas

➡ Reconoces un valor en ti mismo(a) o en otra persona a la que respetas. Simbolizan placer, riqueza, ambición y protección espiritual. Si encuentras las gemas, significa que progresas rápido en lo que te propongas. Ayuda a ese compi en broncas en tu tiempo libre. Tu buena acción tendrá recompensa.

Judío

➡ Llega una fortuna imprevista. Estás en un momento brillante, controlas las expectativas y disfrutas el presente. En las fiestas, las relaciones sociales y la imagen se mezclan con la diversión del baile y el juego.

➡ Estafa y engaño. No te "pegues" tanto a tus amigas, siempre están con el chisme y el rumor a flor de labios.

Juego

➡ Cambio ventajoso en tu posición, te conviertes en líder, jefe, representante o abanderado(a).

➡ Pierdes amigos. Los rumores están súper fuertes. No trates de convencerlos de tus buenas intenciones con estrategias, deja que las cosas fluyan. La ira es un estado imposible de mantener por mucho tiempo, se les irá pronto.

Juez

➤ Aciertas en tus decisiones. Se acabaron las esperas, toma la iniciativa.

➤ Te sientes culpable por algo y temes ser descubierto(a). Por ejemplo, que pasas de todo, sólo miras para ti mismo(a), te da igual lo que piensan los demás; si ayudas a alguien lo haces por algo a cambio y dices: "Bienaventurados los listillos(as)."

Jumento, asno, burro

➤ Cercana unión con mujer bella y joven. Con tu media naranja, disfrutas de andar en bicicleta o jugar boliche, pues, aunque no son buenos jugadores, se ríen de intentar tirar los pinos.

➤ Una mujer con la que vives puede arruinarte. Por ejemplo, tu novio(a) se acerca y te saluda con un beso en la boca, lo cual ¡te encanta! Lo malo es que una de tus tías le cae a bolsazos en ese momento.

Jurado

➤ Sientes que otros te juzgan, te sientes como en el tribunal de la santa corrección. Si formas parte del jurado, tú eres el/la que tiendes a juzgar a los demás.

Juramento

➡ Cumplirlo, honores y estimación. Eres experto(a) en noches de fiesta, disfrutas de cada momento. Lejos de uniformarte, buscas tu estilo a la hora de divertirte. Las de 15 y las de fin de cursos te permiten lucir prendas coloridas, cortas, largas, clásicas o irreverentes.

➡ Si lo violas, desprecio. Triunfarás si le echas ganas a las situaciones y no te cortas tanto. Si vas a faltar a una clase, avísale antes al profesor y pregúntale qué temas explicará. Te anotas un punto, pues los maestros aman a los/las alumnos(as) responsables.

L

Laberinto

➡️ Misterio descubierto. Si tiene follaje, vas a encontrar la felicidad precisamente cuando parecía lo contrario. Por ejemplo, estás de "bajón" porque todos tienen novio(a) menos tú. Y, de repente, aparece en tu vida un(a) chico(a) con la mirada tierna que le encanta hablar de amor y las veladas románticas.

➡️ Caos, error. Por ejemplo, el justo efecto por volarse las clases o echar mucho relajo y nunca hacerle caso a la maestra.

Labios

➡️ Símbolo de la sexualidad y la perfecta salud. Desatas pasiones a tu paso con tu cuerpo de escándalo. No falta quien te diga: "Perdí mi número de teléfono, ¿me das el tuyo?"

➡️ Sufres de mala salud o de un exceso de complicaciones. Por ejemplo, no sólo tropiezas con una piedra, sino que caes a los pies de tu ángel descolgado del cielo.

Ladrón

➡️ Significa nuevas actividades y hacer un sinfín de cosas a la vez. Andas de lanzado(a) pues te encantan los retos. Tus dedos escarban en tu cabeza buscando nuevas ideas.

Pierdes algo por descuidado. Malos rollos, mucho tiempo y nada claro. Estás decaído(a) por problemas, enfermedad, separación o accidente y la situación te parece insoportable. Ve las cosas con otra perspectiva, te darás cuenta que no tienen la importancia que crees. Al ponerlas en su sitio, el miedo desaparece.

Lagartija

Te advierte que tengas cuidado con la gente que no conoces. Sé prudente. Si las personas con quienes hablas por Internet no son los amigos que normalmente ves, entiende que los cibernautas desconocidos pueden ser peligrosos.

Lago

Llegas a conocerte más a ti mismo(a) gracias a una revelación interna. Si el agua es tranquila y transparente, gozas de una gran paz.

Una situación termina. Si el agua es turbia, tienes problemas sentimentales. Tu carácter tan emotivo a veces te deprime. Eres del club de Frankestein que dice: "Estoy hecho pedazos."

Lágrimas, llanto

Esperanza y gozo. Representa una forma de sacar emociones negativas (temores y pena) para recuperar tu equilibrio emocional. Así que llora a moco tendido, con singular alegría.

➤ Adversidad. Si lloras y nadie escucha, significa que tienes dificultades para comunicarte. A nadie le gusta que le digan las verdades crudas, pero habla sinceramente con tu amigo(a).

Látigo

➤ Es totalmente anticúpido. Estás siendo arbitrario(a) en el amor o tu pareja te humilla. Empieza por volverte más su amigo(a) y demuéstrale a tu cuchicuchi que no piensas comértela(o) de un bocado.

Lavar

➤ Mucha felicidad en tu vida sentimental. Tienes amor, amigos, contactos, buen rollo con tus compañeros. Dices como el caníbal: "Me gusta la humanidad."

➤ Desilusión quizá porque se te ve como un(a) niño(a) desesperado(a) por atrapar un bombonazo.

Leche

➤ Simboliza instintos maternales, bondad y fraternidad. Anuncia embarazo o abundancia material o buena amistad con una mujer; así como generosidad, buenos sentimientos y honestidad. Prefieres salir con tus amigas(os) que buscar galán(a).

➤ Infidelidad o secreto descubierto. Si está pasada, hay pequeños problemas. En cualquier área de la vida, la falta de confianza es fatal, nos inmoviliza y deja mudos. Así que lucha por lo que quieres.

Lechuza, búho

➡ Imagen que toman los seres queridos ya fallecidos para comunicarse desde el más allá. Es parte de tu actividad psíquica.

➡ Soledad, aislamiento. Quizás tus actitudes hacen que los demás se alejen. Si las cambias, de nuevo estarás rodeado de amigos(as). No tengas prejuicios. Si sólo tienes un martillo, todo te parecerá un clavo.

León

➡ Fuerza, generosidad, nobleza, encuentro con una persona importante, de cargo o famosa. Tu éxito depende de tu capacidad de diluir a tus oponentes. Así que derrocha seducción, pues se matan más moscas con miel que a manazos.

➡ Te dominan tus pasiones y sientes que el tiempo te "devora", estás en la locura tropical. Así que controla más tus impulsos. Eres demasiado vehemente y nervioso(a).

Leopardo

➡ Tus enemigos intentan hacerte daño, pero no lo logran (lero, lero). Hay dificultades en el amor, pero con un esfuerzo las superas. Puedes llamar la atención por ser la/el más inteligente, la/el que mejores notas se saca o la/el que propuso el tema más original para trabajar en grupo.

fiebre

➤ Embarazo, fecundidad, los asuntos marchan rápido. Si un bomboncito está interesado(a) en ti, terminará convirtiéndose en tu amorcito querido. También significa que haces una buena compra.

➤ Lujuria. No te puedes quitar de la cabeza la imagen de un cuerpecito desnudo, rebosando junto a ti para pasar un momento lindo de buen rollo, tomando algo tranquilos... y ahí te sigues dale que dale hasta que te duermes.

fila

➤ Eres mega creativo(a). Comprendes las cosas visibles e invisibles. Por eso dice bien el dicho: "La juventud no es una edad, sino una forma de volar."

limpiar

➤ Quieres superarte o en tu vida se aparta lo negativo. Si aseas tu casa, advierte que necesitas purificar tus pensamientos y librarte de viejos hábitos y costumbres (no comer con los dedos, ser limpio(a), colgar el uniforme de deportes, no correr por los pasillos).

➤ Si lavas un objeto, representa una parte de ti o de tu vida que no está funcionando. Por ejemplo, los exámenes que no dejan mucho tiempo para salir y despejarse, como uno de los síntomas de la peste burrónica.

Lobo

➡️ Valentía, inquietud o no paras de hacer cosas. Eres un cascabel. Es algo súper que te destaques haciendo algún deporte o escribiendo notas para el diario del colegio.

➡️ Enfrentas a un(a) enemigo(a) o tienes sexo con una mala persona. Recuerda, el amor es como cartoncito de sorteo de supermercado, de esos de rascar y a ver qué sale. Casi siempre dice: "Sigue buscando"... "Hay miles de premios." Esto, traducido es: "Sigue intentándolo". "Hay más oportunidades."

Locura

➡️ Representa tu deseo de evadir la realidad. Tienes dificultad para diferenciar lo bueno de lo malo. Tus padres dicen que han hablado contigo en todos los tonos y ¿tú? Como oyendo llover.

Lombrices

➡️ Expresa tu preocupación por alguien muy querido que está enfermo.

Loro

➡️ Tus amistades confían al cien en ti. El mejor espejo es un(a) viejo(a) amigo(a). Una amiga es alguien que cree en ti incluso cuando tú has dejado de creer en ti misma(o).

➡ Recibes halagos de una persona que no tiene un pelín de sincera. Es de las que dice "bonito perrito"... hasta que encuentra una piedra. Existe un área en tu vida que carece de originalidad.

Lotería

➡ Si la juegas, te da mieditis responsabilizarte de tus actos y decisiones. Si la ganas, representa tu deseo de pasártelo en grande sin preocupaciones. Pero recuerda que la vida es algo que te sucede mientras tú estás haciendo otros planes.

Lucha

➡ Si participas, preocupaciones y conflictos internos porque una parte de ti (que sueles esconder) quiere ser escuchada. Las apariencias no van con ella. Si otros son los que luchan, no asumes tus problemas por lo que no logras resolverlos. Te niegas a cambiar tus costumbres y actitudes. Cambia un poco de rollo y se más constructivo(a). Déjate de dar más vueltas que un tonto con ruedas.

Luna

➡ Representa la parte femenina de tu personalidad. Si está llena, simboliza algo que has terminado; la luna nueva, el empezar de nuevo; y la creciente, vives un cambio que se presenta cada cierto tiempo, te renuevas y estás en constante movimiento. Avanzas sin problemas. Le echas coco y ganitas a la creatividad.

➤ Si es un eclipse, significa que no dejas a tu lado femenino expresarse o que alguien cercano pronto sufrirá una enfermedad.

llamarada

➤ Amor platónico. Pones en un pedestal a la hiper-guapo(a), haciéndolo(a) inalcanzable. Ataca, deja ya sólo de merodearlo(a).

➤ Te batean en el amor y sientes que tu corazoncito está hecho añicos. Es increíble cómo alguien puede romper tu corazón y, sin embargo, sigues amándole con cada uno de los pedacitos.

llave

➤ Tienes un plan y los medios necesarios para llevarlo a cabo. También significa curación, aprendizaje, posibi-lidades, control, secretos o deberes.

➤ Un evento pronto te saca de tus casillas. Mejor des-quita el enojo haciendo *tae-bo* o *kick boxing* o ¡dale duro a tu almohada! Ocultas tus sentimientos y emo-ciones más íntimas. Si pierdes las llaves, represen-ta tu miedo de perder tu estatus o el control de ti mismo(a). Pero no todo va a ser *friki* en esta vida.

llegada de una persona

➤ Nacimiento de un bebé. El nuevo *baby* será niño. Así que compra ropita y accesorios en azul.

➤ Súper nostálgico(a) por el truene con tu galán o tu princesa caramelo. Pero no te agüites, la margarita siempre tiene un pétalo de reserva para tu caso.

Lluvia, nevada o chorro de agua

➡ Recibes favores del cielo. Si te moja, pronto te sentirás libre y limpio(a) de tus problemas. Ver y escuchar llover te permite perdonar, buena suerte y amor.

➡ Sorpresa desagradable. Se oyen rumores de líos y rollos en el colegio. No te metas en el asunto y, si te quieren involucrar, hazles una advertencia (que consiste en amenazar por las buenas).

Madera

➡ Si estás pensando en un empleo de medio tiempo, este sueño te anima a intentarlo, pues te anuncia que nunca te faltará trabajo.

➡ Trabajo en exceso y mal pagado ¡Y luego se quejan de la famosa apatía adolescente o juvenil de no querer hacer nada!

Madre

➡ Representa el lado maternal de tu personalidad que ofrece protección, consuelo, vida, ayuda y amor. Tus corazonadas siempre salen ciertas.

➡ Significa regreso a la tierra natal, reunión con parientes o amigos, ascenso.

➡ Tus bienes corren peligro. Si sueñas conversar con tu mamá, un tema te está preocupando. También refleja problemas en tu relación con tu madre. Si te llama por tu nombre, presta atención a tus deberes. Tranqui con la actitud de tu mami. ¡Ponte listo y escúchala!

Magia

➡ Si la haces, pronto recibes una sorpresa agradable. Significa que tienes una mente creativa. Tienes un toque de comedia de ficción, divertido. Las cosas en tu vida saldrán tal como deseas. Eres del club de los/las ganones(as).

Maletas, valijas, mochila, bagback, equipaje

➡ Si están llenas, cambios felices de domicilio o de colegio.

➡ Son deseos, necesidades y preocupaciones que te pesan. Seguro que con ese ritmo de vida tan acelerado tomas varias tazas de café al día para darte un levantón y seguir prendido(a). Reduce tu exceso de carga y relájate. Si están vacías, llegan tristezas. Recuerda: "Al mal tiempo buena cara", Frankestein.

Mandar

➡ Te harán una oferta ventajosa. El trabajo en equipo siempre te da la posibilidad de echarle la culpa a otro.

➡ Dudas de la capacidad de un maestro. No te quedes con dudas, pregúntale incluso al final de la clase o en los recreos. Si te afecta su puntualidad (justificada, pero demasiada) y ausencias (más que de costumbre), habla con tus padres para que se comuniquen con el director de tu cole.

Manos

➡ Si son las tuyas, representan tu forma de relacionarte y comunicarte con los demás. Pon atención a los otros elementos del sueño para saber cómo es.

➡ Significan sostén, amor de familia, dicha, poder. Si son muy grandes, indica que tendrás éxito y logras tus objetivos. La izquierda simboliza tu bondad y cualidades femeninas y la derecha, las masculinas. Si tomas la mano de alguien, representa tu unión con esta persona. Tal vez temes que se aleje.

➡ Dolencias, se pierde apoyo, infidelidades. Si están manchadas con sangre (suena de lo más *dark*, ¿no?), te sientes culpable por algo. Si te las lavas, debes afrontar un asunto o, por el contrario, te quitas alguna responsabilidad de encima. Errar es humano, pero echarle la culpa al otro es más humano todavía.

Mansión

➡ Tienes todo para seguir creciendo y desarrollando todo tu potencial.

➡ Tu relación sentimental o situación está estancada, necesitas avanzar. Huye del artisteo *underground* de pose. La vida es demasiado corta para andar con indirectas.

Mantel

➡ Tienes buena conducta o dicha. Nada como la sinceridad con uno(a) mismo(a). Invita a dormir a casa a tus amigas(os). A altas horas de la noche, quizás empiecen a cantar como gatos dando concierto. Prepárate para disfrutar y reír toda la noche.

➡ Te portas mal. Por ejemplo, lo de menos es el rollo gótico y los pelos de puercoespín, lo que no se vale es que si sales hasta las 2 de la mañana del antro, te olvides de que al día siguiente hay clases.

Mantequilla

➡ Te demostrarán su amistad. Por ejemplo, te mandan un recadito que dice: "¡Me encantas!". :* (indica: besos, besos).

➡ Pleitos entre familiares o alegría mezclada con disgustos. Que no te afecte. Júntate con tus mejores amigos(as) y con la gente que más quieres y festeja a tu manera.

Manzana

➡ Es símbolo de fertilidad, crecimiento y prosperidad. Si comes una, disfrutas de la vida y pronto saborearás el éxito en el amor o la amistad. Tienes sed de conocimiento. Lo quieres ahora... ayer... ¡no mañana! Así está la cosa.

➡ Representa envidias, rivalidad, celos, amor prohibido, deseos reprimidos y tentaciones. Toman tus ideas y las absorben como chupones, hasta que te han sacado todo el buen humor. Pero tú, ¡sonríe! Todavía es gratis.

Mapa

➡ Te dejas llevar por un camino que te aportará satisfacción y ayudará a realizar tus objetivos. Así que flojito(a) y cooperando. Tus padres son como un centenar de profesores.

Maquillaje

➡ Te rodeas de gente hipócrita, falsa y mentirosa. Pueden engañarte o traicionar. Son chavos(as) que no los(las) pela ni su gato. Así que ¡digan misa!

Mar, océano

➡ Representa prosperidad, buenas amistades, ayuda de familiares o un viaje agradable. Si está calmado, anuncia suerte y éxito. Si nadas sin dificultad, buenas expectativas.

➡ Agitado, significa contrariedades, peleas familiares o enfermedad. Es el típico: "No pienses en mí como un padre, sino como en un amigo que siempre tiene razón." Si caes al mar, anuncia fracaso, mala suerte o accidente.

Maremoto

➡ Anuncia repentinas situaciones adversas que alteran tus condiciones de vida. ¡Ojo con lo que gastas! olvídate de competir con Paris Hilton. Mala suerte o mordiscos de realidad.

Mariposa

➡ Si la atrapas, anuncia una relación sentimental que no dura; si sólo la ves, tienes indecisiones (¿qué pasará? ¿bajo? ¿subo? ¿irá todo bien?) y tu humor es tan inconstante como la montaña rusa. Posible infidelidad afectiva o amistosa, e indiferencia hacia tu familia. Cero obediente.

Mármol

➡️ Vale la pena luchar por un amor que será duradero y feliz. Si te late que quieres a tu niño(a) y es el/la indicado ¡corre a verlo(a)!

➡️ Previene sobre una riña de enamorados que te va hacer alucinar. Como diría Jack el Destripador, vamos por partes. Recuerda que a la mujer y al canario, por el pico se les va la hermosura.

Marrón

➡️ Representa libertad, éxito, dinero, felicidad y relaciones duraderas. Es hora de ir a patinar, tomar clases de *belly dance* o de taebo, organizar un día de campo con los amigos, andar en bici o redecorar tu cuarto.

Martillo

➡️ Tu trabajo será recompensado. Eres independiente, divertido(a), joven, atrevido(a) e inteligente. Total, un estuche de monerías. Si no vas a la playa, organiza junto con tus amigos y tu chavo(a) un chapuzón en la piscina del club; la pasarás súper divertido.

➡️ Desengaños por ¿seguir las vidas de personajillos famosos? También significa opresión. Odias ser civilizado, pero tus padres te obligan a serlo. Sobre todo mamá te dice: "Nada de esto ni nada de lo otro."

Máscara, antifaz, careta

⟶ Su forma expresa lo que quieres ser realmente, pero ¿eres lo que aparentas? Los jóvenes mienten casi siempre para ocultar aspectos de su vida con los que no están satisfechos o por aparentar lo que no son ni poseen.

⟶ Si tú la usas, utilizas cosas que no te gustan y con las que te sientes incómodo sólo porque están de moda. Si son otros los que la llevan, luchas contra celos e hipocresía. Suenan durísimo los rumores.

Matrimonio

⟶ Si te casas con tu ex, has aprendido algo de tu relación anterior o tu noviazgo actual tiene algo en común con el anterior.

⟶ Representa compromiso, armonía o una época de transición. También significa la unión de dos aspectos opuestos de tu carácter. Por ejemplo, de tus lados femenino y masculino. Es decir, puedes ser fuerte, pero tierno(a) a la vez.

Medicina

⟶ Recibirás beneficios alrededor de los días de la Navidad. Atraviesas por un periodo de recuperación emocional. Si tomas la medicina, pasas un mal momento, pero a la larga habrá sido útil. Has estado tanto tiempo sin pareja que las relaciones ya te dan igual. ¡No te cierres! Date una oportunidad, no te arrepentirás.

➡️ Te encuentras en apuros o todo te da igual, pareces ausente y pierdes fácilmente el interés. No te apures, pronto pasará ese estado pues se debe a tus fuertes cambios hormonales. En esos momentos el cine es maravilloso. Durante dos horas, los que están en apuros son otros.

Mentir

➡️ Si alguien te acusa de mentiroso(a), es un aviso de que esa persona intenta engañarte. Si tú eres el/la que miente, quieres convencerte de algo que va en contra de tus convicciones o instintos. El lavado de cerebro es lento y peliagudo. Respira hondo y hazte de un casco de minero, te hace falta. Si un conocido miente, es porque empiezas a desconfiar de ese sujeto.

Miel

➡️ Adquieres conocimientos y sentimientos amorosos tiernos. Anuncia bienestar, felicidad y alegría. Si regalas un tarro de miel, llegan buenas noticias y favores para hacerte la vida más fácil y agradable; si la comes, inicias una etapa de buena suerte y salud.

➡️ Experiencias dolorosas, porque promesas y un millón de quieros se los lleva el viento. Cuando menos esperas una cosa, puede suceder. Piensa qué hacer, cómo moverte, cómo hablar. Preguntándote estas cuestiones, crece tu confianza en ti. Ya lo único que tienes que hacer es actuar según las respuestas que des.

Misa

➡ Si la oyes, significa que vas a tener un golpe de suerte a través de otra persona. Por ejemplo, tu amigo(a) te promueve como el/la cantante de su banda de rock; o tu maestro(a) te inscribe en un sistema de becas. ¿No es tierno(a)?

Monedas

➡ Si son de oro, éxito y riqueza; de plata, valores espirituales y autoestima.

➡ Te preocupan las oportunidades que has perdido. De nada sirve lamentarse, aprende de la experiencia y sigue adelante. Encuentra a alguien como modelo: su comportamiento, actitud, valores, creencias e imítalo. Si tienes la posibilidad, habla con él/ella, y si no, acércate y observarlo(a) lo más que puedas.

Monos

➡ Advierte sobre amigos falsos que te halagan para satisfacer sus intereses. Problemas en el amor. Por ejemplo, la clásica frase "ya nos veremos" de un(a) chico(a) que te complica la existencia. Es tiempo de contar los mejores momentos a tus amigos y... ya.

Monstruo

➡ Si lo matas, sabrás vencer a tus rivales y alcanzar el éxito.

➡ Simboliza los aspectos de tu personalidad que consideras feos y desagradables. No lamentes si, por ejemplo, estás más flaca(o) que un palillo de dientes, ¡a ponerse las pilas con los pilates!

Moto

➡ Si la conduces, deseas tener más libertad o sexo. Harás lo que sea lo-que-se-a para obtenerlo. Con el tiempo, podrás hacer más cosas si demuestras que puedes comportarte responsablemente sin tener a tus padres encima.

➡ Intentas zafarte de algún deber que sueles hacer a regañadientes o poner pies en polvorosa. Si no conoces el árbol, no te andes por las ramas.

Muerte

➡ Si no sientes miedo o preocupación por ella, te liberas de tus preocupaciones (como del síndrome de quiero-novio-a-toda-costa). Sanas o resurges.

➡ Si es la de un ser querido, careces de algo en tu vida que esa persona tiene; o, por el contrario, esa persona ya no representa nada en tu vida. Te da lo mismo sea ente, animal o cosa.

Mujer

➡ Si es hermosa y desconocida, anuncia nuevos encuentros y éxitos sentimentales; si es generosa y bondadosa, alegría y felicidad; si es inteligente, éxito y honores; si está embarazada, llegan buenas noticias.

Si es fea y vieja habrá discordias; si conversa con otras personas, avisa de calumnias; pelear con ella, pesares y preocupaciones; si la golpeas, separación y rupturas.

Muleta

➤ Recibes apoyo moral o económico de tus súper amigos(as).

➤ Obtienes el apoyo inmoral e interesado de ciertos especímenes poco recomendables. Despliega las antenas para que no te chupen la sangre.

Muñeca(o)

➤ Si te lo(a) regalan, sabes lo que quieres y estás seguro(a) de ello. Puedes meterte en el bolsillo a ese(a) chico(a) tan mono(a).

➤ Si es antiguo(a) o está estropeado(a), llegan problemas por tu culpa. Sólo logras que tus padres te examinen con doble lupa.

Nabos

➤ Recuperas la salud. Así que levántate de la cama, pues aunque hubo una vez un tiempo en que había tiempo para perder el tiempo, ya se acabó.

➤ Esperanzas infundadas. Tu príncipe azul puede desteñirse, "pasa" sinceramente del chico.

Nacimiento de un bebé

➤ Buena suerte, hay nuevos sucesos felices, noticias favorables o el encuentro con una persona agradable. Se acercan nuevas experiencias. Si son cachorros los que nacen, tu vida económica va a mejorar en forma considerable.

➤ Si son mellizos o trillizos, vienen problemitas sin importancia. No necesitas hacer circo, maroma y teatro para que noten que tienes buen humor.

Nadar

➤ Placer y comodidad, sano erotismo. Es símbolo de tranquilidad. Recibes pequeños detalles que a ti te vuelven loco(a) y a ella(él) ¡los delatan!

➤ Peligros o las pasiones vencen tu voluntad. Un(a) amigo(a) te trastorna de arriba a abajo y ocupa tu mente las 24 horas o te da un ataque de celos incontrolado.

Nalgas

➡️ Fecundidad, embarazo. En una situación, todo sale bien, aunque no tienes la más remota idea de cómo o por qué. Y a caballo regalado, gracias.

➡️ Infamias y lujuria. ¿Tu amor recibe un sms que lo(la) hace sonreír, pero te jura que es de su hermano(a)? Ja-ja-ja. A otra princesa con ese cuento.

Naranja

➡️ Indica que tienes pasión por cada aspecto de tu vida. Ese chico(a) te gusta. Tú le gustas. Él/Ella tontea contigo, tú tonteas con él/ella, todos tontean.

Nariz

➡️ Si es grande, es un buen presentimiento; si es chata, éxito total en todo. Tus profesores comen de tu mano. Sentándote más adelante, estarás más cerca de los maestros y más cerca de aprobar.

➡️ Si es pequeña, no es buen presentimiento. Como te sientes amenazada(o) por otra(o) chica(o), la(lo) criticas. ¿El desenlace? Tu chico(a) se pone a la defensiva y, al final, la paga contigo.

Naturaleza

➡️ Simboliza libertad, tranquilidad y renovación. Conviertes el coqueteo en tu deporte favorito. Te ataca la fiebre de la conquista.

Navaja

➤ Solución a tus problemas a mediano plazo. El/la chico(a) que te gusta se hará de rogar. No te precipites. Espera el momento adecuado. Muévete, pero no corras demasiado. Todo necesita tiempo.

➤ Ten cuidado con lo que dices, celos, rupturas o traición. Piensa: si ha traicionado a sus anteriores novios(as), ¿qué le impedirá hacer lo mismo contigo? Si cuando le pides ir al cine o un café te hace sentir como si le hubieras pedido un riñón, piensa mal.

Navidad

➤ Unión familiar, reuniones, celebraciones, citas impredecibles, encuentros insólitos, momentos inolvidables. También representa nuevos inicios o volver a empezar. Y si todo cambia, ¿qué haces? ¿cambias o sigues igual?

Negocios

➤ Prosperidad, fortuna, alegría, buenas relaciones amistosas. Exprésate y siéntete orgulloso(a) de como eres. Sé modesto(a), reconoce que eres perfecto(a), pero sin decírselo a nadie.

➤ Deslealtad de colaboradores. Checa el dato. No te encierres en una coraza, sácales plática cada que puedas y confirma quiénes son en realidad.

Negro

➡ Si vas vestido(a) de negro, significa que tus problemas sentimentales se van a solucionar. Marca un corto periodo de aislamiento y soledad.

➡ Si ves objetos negros, te llegan problemas. Representa conflictos con las amistades. Por ejemplo, si tienes que lidiar con la hermana(o) entrometida(o) de tu novio(a), gánate su confianza y conviértela(o) en tu amiga(o). Si es mujer, un día de *shopping* o pedirle consejo sobre tu *look* hacen maravillas.

Nido

➡ Significa seguridad, protección y comodidad. También simboliza nuevas posibilidades y oportunidades. No te perderás un concierto ni una fiesta.

➡ Si contiene huevos rotos o podridos, habrá desilusión y fracaso. No sueñes con que algún día el/la chico(a) más guapo(a) del mundo se fije en ti. Sin embargo, corres el riesgo de que pase gente súper valiosa frente a tus ojos y tú ni en cuenta.

Nieve

➡ Si se derrite, los obstáculos que te puedan venir, los vas a solucionar. Serás capaz de hacer con tu chico(a) lo que te propongas. Puedes invitarlo(a) a uno de tus viajes familiares, por supuesto con el permiso de sus papis. Sin duda, será inolvidable.

Niño

➡ Nuevas oportunidades o inocencia, buenas noticias, armonía en el hogar. Tus amigos(as) son súper ocurrentes, originales, animados(as). Si están de vacaciones, qué tal si se inscriben juntos(as) a un viaje o un curso vacacional, de pintura, por ejemplo. La pasarán increíble.

➡ Dificultades, pesimismo, mortificaciones. Te cuesta confiar en ti, sobre todo en los exámenes orales. Mejor, cada día estudia la lección que te van enseñando, así te será más fácil aprender y te sentirás con más seguridad. Si el niño llora, significa enfermedad.

Noche

➡ Si está llena de estrellas, prepárate porque viene algo buenísimo. Alguien cae víctima de tus dardos de Cupido. Es un flechazo increíble, descomunal.

➡ Si es oscura, está alerta a lo que te pueda venir. Pisas terreno pantanoso si tu gastos se disparan a la par de tus caprichos.

Nombre

➡ Si ves el nombre de otra persona escrito, simboliza la opinión que tienes sobre ella.

➡ Si escuchas tu nombre, estás conectado(a) con tu espiritualidad e individualidad. Tus intereses como los de tu chico(a) van a coincidir al 100%.

➤ Si se te ha olvidado tu nombre o el de otra gente, te sientes abrumado(a) y con sobrecarga. También indica que te comportas como otra persona y te olvidas cómo eres realmente. Tanta aventura podría hacerte perder al chico(a) de tu vida.

Novia

➤ Si te vistes de novia, vas a obtener una gran cantidad de dinero. Si estás en una boda, tu vida social cambia y recuperas amigos que dabas por perdidos. Sólo amor y amistad van más allá del tiempo. Recuerda que cuando una de las partes tiene dudas es porque los sentimientos han cambiado. Por ejemplo, si vas con tus amigos por la calle y te miran hombres con cara de lobos, se pondrán negros, ¿por qué será?

Nube

➤ Recibes buenas noticias de un(a) mensajero(a). ¡Ponte lista(o) y escúchalo(a)! Por ejemplo, si te dice: "¿Me permites utilizar tu teléfono? Quiero llamar a mi madre para decirle que he conocido a la/el chica(o) de mis sueños."

➤ Discordias. Hablan que dan ganas de ponerles bozal. La mejor forma de hacerles frente es desconectar. Son como los mosquitos: para que dejen de chupar (el hígado) hay que matarlos.

Nudos

➡ Deshacerlos, pones en claro una situación. Triunfas en el amor. A cada pajarillo parécele bien su nido. También te auguran una vida larga, laaaarga.

➡ Enredos y calumnias. ¿Tanto te quiere tu amorcito que le importa un bledo que las citas con su ex te pongan cardiaco(a)? No te metas en los líos de familia, dales pasaporte definitivo.

Ojos

➡ Representan conocimiento, comprensión intelectual y reconocimiento. El izquierdo, simboliza la luna y el derecho, al sol.

➡ Alegría. Generarás ideas originales. Estás muy centrada(o) en tus estudios. Para ti es importante tener buenas notas. Piensas lo bonito que es aprender, encontrarte con tus compañeros, hacer nuevos amigos, estrenar ropa y materiales educativos.

➡ Infidelidad de mujer o haces daño a tu familia. Si tienes algo en el ojo, representa obstáculos. Si te ves tuerto, te niegas a aceptar otro punto de vista; si está herido, no quieres reconocer la verdad. La verdad absoluta no existe y esto es absolutamente cierto.

Olas

➡ Si son altas, la vida te regala oportunidades nuevas y tienes la opción de tomarlas o dejarlas. Por ejemplo, se acerca un examen importante y tienes que estudiar en serio. Pero tu bomboncito no tiene ninguna posibilidad de aprobar y te pide ayuda, ¿qué haces?

➡ Si son bajas, te niegas a cambiar porque estás bien como estás. Ante cualquier cosa nueva, pareces gato a punto de bañar.

Olivo

➤ Matrimonio, embarazo o fortuna. Andas como tortolito(a), enamorado(a) de la vida y más dormido(a) que despierto(a).

Olla

➤ Advierte sobre las ventajas del ahorro. Así que sé como hormiguita previsora para el invierno, ¿para qué gastar en bagatelas, si luego puedes comprar algo súper?

➤ Rivalidad y celos, olvido de un gran amor, conflictos familiares y miedo a las obligaciones de una relación en serio. Las ataduras te dan urticaria.

Olores o perfumes

➤ Orgullo y amistad. Llamas a tus amigas y les propones pasar la tarde mirando tiendas o al chico de tu clase que te gusta mucho para pasar la tarde en el parque contigo.

➤ Por presunción, te comportas como un(a) lanzado(a) y eres infiel. Experimentas una poderosa atracción por lo prohibido. Al que juega con fuego...

Operación

➤ Si te operan o tú operas, vas a vivir una experiencia única, extraordinaria, toda una revolución sentimental. Por ejemplo, descubres que los padres no existen, todo es un montaje de los Reyes Magos, jaja.

Orejas, oídos

➡ Amistades leales y sinceras. Si las limpias, harás cambios para mejorar tus relaciones personales. Por ejemplo, tu chavo(a) de lujo está con sus amigos(as). Han organizado un juego. Así que animas a su equipo, aunque preferirías estar a solas con él/ella. Si las orejas te pican, vas a recibir buenas noticias.

➡ Chismes, calumnias, riñas familiares. Si son grandes, un conocido necesita que lo escuches; si te las tapas, te falta comprensión con un(a) amigo(a). Recuerda que hay personas silenciosas que son más interesantes que el mejor parlanchín.

Órganos sexuales

➡ Si son tuyos, te sientes bien con tu vida en todos los aspectos. Estás seguro(a) de tu cuerpazo, por eso enseñas tus encantos.

➡ Si los enseñas, necesitas una vida erótica más completa. Sin embargo, recuerda: antes los niños venían de París, ahora vienen de Estar Dos Unidos. También significa que te da miedo iniciar una nueva relación.

Orina

➡ Es mejor no correr riesgos en ningún terreno. Por ejemplo, si crees que la mejor manera para no sufrir por un ex es enamorarte del primero(a) que llegue, te vas a dar un galletazo descomunal. Si reconoces el olor de la orina, es recomendable que te revise tu médico. Tendrás que pisar el freno al reven, si no quieres que se resienta tu salud.

Orinar

➡ Recibes buenos consejos y favores; si orinas hacia la pared, éxito en tus asuntos. Por ejemplo, el/la niño(a) de tus sueños se ofrece a explicarte las lecciones de mate más difíciles.

➡ Si orinas en la cama, se retarda la llegada de dinero. Ojo con descontrolarte. Cuando pidas dinero a tus padres, evita reaccionar al primer no. Toma las cosas con calma, respira y prepárate para argumentar tu posición.

Oro

➡ Si eres mujer, eres una chica completísima y todo lo que te propongas lo vas a conseguir, porque tienes solución para todo. Tus compañeros de clase a veces no te comprenden porque eres muy madura.

Oscuridad

➡ Si el sol aparece en la negrura, superas tus fracasos. Si te sientes seguro(a) en la negrura, prefieres no saber nada sobre ciertas cosas. Los asuntos importantes no suelen estar de moda, igual que la moda no es importante.

➡ La oscuridad es sinónimo de ignorancia, maldad, muerte y miedo de lo desconocido. Si no puedes encontrar a alguien en la negrura, debes controlar tu mal genio porque, de seguir así, nadie te va a querer ni envuelto(a) en papel de regalo. Si tú eres el/la que está perdido(a), te encuentras deprimido(a) o inseguro(a).

Oso

➡ Eres una persona solitaria. Victoria en concursos y competencias.

➡ Daño por un hombre cruel. Por ejemplo, cuando le pides su cel, ¿hace una cara de dolor como si tuviera chorro? No insistas en darle tu número, te cansarás de esperar a que lo utilice. ¿Ok?

Oveja

➡ Dicha, paz y mansedumbre. Logras el éxito a través de tus planes bien diseñados. Por ejemplo, si la/el chica(o) que te interesa no se da cuenta de que existes, recuerda que los pequeños gestos cariñosos pueden demostrarle lo que sientes. Pian pianito, conquistarás su corazón.

➡ Tristeza. Intenta olvidarle y no obsesionarte con algo que no existe más que en tu cabecita loca. Pasa la página.

Ovni, UFO

⟶ Simboliza tu mente creativa, un viaje espiritual de autoconocimiento y desarrollo personal. Es un aviso sobre la necesidad de cambiar de puntos de vista. Fingir demencia desde el principio no es más que: un principio tonto. Por ejemplo, responde honestamente si tal relación la sufres o la disfrutas.

P

Padre, papá

➡ Buenas noticias, seguridad. Símbolo de autoridad y protección. Por ejemplo, tu padre te explica algo que no entendías de tus materias.

➡ Tendrás que afrontar grandes responsabilidades, prohibiciones y ser autosuficiente. Si le pegas a tu padre, necesitas acercarte más a él y sentir que te hace caso. Comienza por hablarle de lo que sea. Cuéntale de lo que está sucediendo en tu vida y muestra interés en lo que le pasa a él. Comparte tus sentimientos cada vez que sea posible y deja que te conozca.

Pájaros, aves

➡ Felicidad, prosperidad, suerte en el trabajo, buenas noticias, anhelos amorosos. En vuelo, prosperidad y sentido de libertad. Liberación del peso de las responsabilidades. Sabes que tu maestro no acostumbra a hacer difíciles los exámenes y, si le preguntas algo, siempre acaba diciéndote la respuesta.

➡ Traición de falsa amistad y astuta. Es un(a) zorro(a) profesional que puede darte baje con tu novio(a).

Palo, bate, vara

➡ Beneficios. Existe la imperiosa necesidad de renovar el armario (no dejas de crecer), por lo que aumentan tu mesada porque se multiplican tus gastos en vestido, ocio, relaciones humanas y un largo etcétera.

➡ Problemas con autoridades, tristeza o dolencia. El contacto con tus padres es mínimo, se reduce a: quiero, necesito y dame.

Paloma

➡ Delicias amorosas pues la conquista es ¡diaria! Disfrutas de la felicidad familiar, recibes la ayuda que necesitas o anuncia un matrimonio o próximo nacimiento.

➡ No conseguirás el amor de alguien que te interesa. Ambos sólo quieren a una persona: él/ella mismo(a). También indica que debes hacer algunos gastos, porque todos son muy cuates menos ¡a la hora de pagar!

Palpitaciones, latidos

➡ Cavilaciones. Pide a tus padres consejo, se sentirán importantes y verás que tienen buenas ideas. Aprende a hablar y escuchar.

➡ No aceptes propuestas que no te laten, aunque seas víctima de crueles chismes de las cotorras, porque no haces igual que todo el grupo. Ni que fueras borrego.

Panadería

➤ Riqueza y éxito. Tu futuro será placentero y lleno de satisfacción. Sólo te falta organizar una fiestototota en casa, ¡tu mejor vitamina!

Pantera

➤ Tus enemigas (las amargadas cuatro días de la semana) no podrán herirte.

➤ Una mujer es tu enemiga o previene de un encuentro con un sádico. De esos que piensan que tomar y tomar *drinks* a más no poder los pone más galanes.

Pañuelo

➤ Inocencia, fidelidad, utilidad y alegría. Te pasas el día entero oliendo nubes. Siempre tienes una preciosa y agradable sonrisa para todo el mundo. Tu chico(a) se derrite con tu sola presencia.

➤ Hipocresía, volubilidad (por ahora no siento nada por él/ella, ¿te suena?) y rompimiento con la pareja.

Papeles/documentos

➤ Buenas noticias, amor y placeres puros. Si son manuscritos, noticias de familiares o amigos. Si el papel es para envolver, prepárate para defender lo tuyo. Necesidad de que la gente comente tu fotolog para sentirte querido(a).

➤ Hipocresía y celos o pleitos y malas voluntades de quienes cuchichean siempre sobre los demás. No alimentes a esos trolls. No entres en su juego; si les respondes, se crecen. También significa cuestiones urgentes que merecen tu atención. Tu reacción inmediata evita problemas mayores.

Paraguas

➤ Protección, autoridad, dignidad, fuerza viril. Representa a un ejemplar capaz de tragarse un sapo de los que no son alucinógenos.

➤ Con el corazón hecho añicos por no saber cómo vencer esa terrible maldición que consiste en no tener pareja. No te alteres o se te corre el rimel. Paciencia, todo llega. Más pronto de lo que piensas, te verás acaramelada con tu príncipe azul.

Pared, muro, tapia

➤ Vences los obstáculos. Por ejemplo, ¿quieres hacer algo para que tus papás no sean tan anticuados y mala onda? colócate en los zapatos de ellos y pregúntate si todo lo que tú pides, te lo concederías.

➤ Penas. No siempre se puede tener todo lo que se quiere, recuerda que no eres la única persona en casa.

Pareja

▥▥▷ Representa tu relación y la opinión que en un nivel profundo tienes de ella. Es importante que analices qué papel tiene tu guapérrimo(a) en tu vida y qué sentimientos te provoca. Por ejemplo, si estudian y repasan los temas del cole juntos o lo(a) ayudas aunque te arriesgues a tener una mala nota.

Párpados

◀ Gozas del aprecio público y disfrutas de todo en abundancia. ¿Será que se acerca tu fiesta de 15 o de graduación o ganaste un torneo deportivo y tienes muchas ideas para verte *cool*?

▷ Recibes el desprecio general. Enfurecerás. Querrás romper algo, pegarle a alguien, hacer un berrinche o preparar tu venganza. O tal vez solamente podrías sonreír y decir: "Pues, está bien, que con su pan se lo coman." Si pierdes la cabeza, la mala situación sólo empeora.

Parto, alumbramiento

◀ Fortuna y feliz prosperidad. Si nace una mujer, significa buena suerte y éxito para tu familia. Si nace un varón, hay alegría en el hogar.

▷ Se frustran las esperanzas. Si el parto es doloroso, refleja penas, pesares y enfermedades. Adoptas una postura de protesta muda y pasiva contra todo. Si eres hombre y ves un parto, anuncia desgracias para un pariente.

Pasillo

➡ Nuevos caminos (espirituales, emocionales, físicos o mentales), marca una época de transición. Por ejemplo, se acabó el año escolar, ¿qué sigue? ¿Para dónde voy?, ¿qué deseo hacer?, ¿tengo algún proyecto para las vacaciones?

➡ Si es largo, necesitas evitar una situación o comportamiento repetitivo. Por ejemplo, comerte las uñas como si fueras pollo con elote.

Pasteles

➡ Recibes alegría, te endulzan el oído y te llenan de atenciones. Obtienes buenas notas en los estudios. Época de riquezas, armonía familiar, felicidad compartida, proyectos y diversiones. Es momento de pedir un teléfono celular para estar en contacto con la pandilla.

➡ Chismes, debes cuidar tus bienes. Si apartas a tu chico(a) de su mundo (amigos(as), aficiones, familia), al final se distanciará de ti.

Pato

➡ Viajes felices o buena cosecha. Eres un Casanova adolescente cuyo mayor talento es ligar. También augura matrimonio y un nuevo hogar.

Payaso

▶ Simboliza la parte divertida e infantil de tu personalidad, la que busca siempre una sonrisa. Fíjate si el payaso está feliz o triste, pues refleja tu real estado anímico, porque a lo mejor sacas 10 en moda y belleza, pero en realidad eres tímida(o) y medio *"freaky"*.

Peces

▶ Representa tu energía y economía. Si nadan en agua clara, expresa tu libertad sentimental. No es mucha, si los niños de tu salón te invitan a salir y no aceptas porque no sabes cómo actuar en una primera cita o si te miran muchas chicas, pero no sabes qué decirles, te bloqueas y no hablas ni para pedirles la hora.

Película

▶ Soñar que la ves, significa que estás en una etapa de analizarte sin que te afecte emocionalmente. Puedes cuestionarte, por ejemplo, con preguntas como ¿qué sucede si me paso?, ¿cómo ligo siendo ñoño(a) y no salir desintegrado(a) en el intento?

Pelo

▶ Si de repente se vuelve blanco, es señal de que te acaban de caer varios veintes. Te has vuelto más sabio(a) y puedes controlar tus instintos. Por ejemplo, ya no te dejas dominar por los nervios, pues sabes que empiezas a reírte como una moto acuática cuando la vas a arrancar.

➤ Si tiene nudos, padeces incertidumbre o confusión; si lo cortas, representa una debilidad; si lo pierdes, te preocupa hacerte mayor o te sientes vulnerable. Debilidad de carácter en el cortejo amoroso.

Peluquero

➤ Éxito en los estudios, aunque no contestando: ¿Qué tipos de ganados existen? Ovino, bovino, cerdino y puerquito.

➤ Enfermedad próxima o pasas por un oso. Intenta no agobiarte. Si conoces a quienes te ven hacerlo, no ocurre nada y si no los conoces, ¡menos! Además, si no quieres, no los volverás a ver.

Pepino

➤ Ver comer uno es símbolo de recuperación de la energía y la salud. Ahora sí ¡a hacer lo que más te gusta!: pintar, recortar, sembrar, nadar, bailar, escribir, patinar con tus amistades, salir en bici con tu hermano(a), jugar futbol, hacer travesuras o invitar a tus primos(as) a una pijamada.

Perder algo importante

➤ El objeto que se pierde es la clave del sueño, busca en tu diccionario su interpretación.

No sabes qué camino seguirás, ¿te derrites como cho-colate o te congelas como paleta? También, significa una relación amorosa peligrosa, pérdida de prestigio, actividades escandalosas o te montan un numerito marca Acme. Por ejemplo, te encuentran fumando en el baño del cole con tus amigos.

Perfume

Cercanía con seres de luz (ángeles, hadas, nomos), evolución espiritual. Excelente para disfrutar con los amigos fanáticos de los impresos sobre los tentácu-los del espacio exterior.

Nostalgia, tu debilidad por el sexo opuesto aumenta cuando vas a una fiesta. Aunque sientes la necesidad de sentirte tú mismo(a), de probarte, experimentar de qué eres capaz, no hagas algo que pueda afectar la confianza que tus padres te tienen (no hagas cosas buenas que parezcan malas).

Perro

Personas queridas requieren de tu consejo y apoyo. Si acaricias al can, indica ganancias y amistades duradera-ras. Sólo quien ha comido ajo puede dar una palabra de aliento.

Engaños y habladurías. Haz lo que quieras, igualmen-te hablarán mal de ti. Escucharlo ladrar, recibes una noticia deprimente. Ponle energía positiva a lo que haces, esto espanta la energía negativa que crea las dificultades.

Perro loco

➤ Si lo matas, superas las opiniones contrarias. Tienes la fórmula secreta para combinar la dulzura con la firmeza.

➤ Tú y tus amigos(as) sufren un ataque verbal. No fuerces las cosas, es mejor alejarse y no hacerse daño. Entrar a una discusión sinfín es ser masoquista y ¡tú no mereces eso! Busca siempre personas que te valoren.

Pesadilla

➤ Vives situaciones de preocupación, angustia y miedo. Relájate para ver las cosas objetivamente. No te asustes cuando algo te sale mal. Siempre puedes volver a intentarlo. No dejes de soñar, por más imposible que parezca, siempre hay forma de alcanzarlo, acuérdate que las grandes empresas han nacido de un sueño.

Pez, pescado

➤ Llegan recursos económicos inesperados. Es señal de que estás a punto de dejar salir a la superficie tus emociones como fuegos artificiales de colores.

➤ Sacrificio. Por ejemplo, cuando quieres recuperar una materia perdida (que no te vean más como el/la vago(a) del grupo), no ves tanta televisión, no juegas tantos videojuegos, accedes a Internet, pero para buscar información de tus tareas y das una repasadita a tus cuadernos antes de entrar a clase.

Piel

➤ Si es perfecta, estás satisfecho(a) eróticamente. ¡Cierras los ojos y mira lo guapo(a), inteligente, bueno(a), amoroso(a), tierno(a), divertido(a), alegre, sensacional que eres!

➤ Si tiene marcas, vas a tener un problema familiar y pedirás ayuda. Reconoce, como dicen los "pesados" de tus padres y profes, que podrías "estudiar mejor".

Piernas

➤ Si son las tuyas, significa que has recuperado la seguridad. ¡Ataca, que tu chico(a) está en la mira de muchas(os)!

➤ Si están débiles, te sientes vulnerable en lo emocional; si tienen heridas o no puedes andar, careces de equilibrio o independencia. Te cuesta defender tus deseos. Tiemblas como flan cada vez que se acerca algún(a) chico(a) y pierdes la oportunidad de ligar.

Pies

➤ Tu vida va a cambiar por completo (por viaje o mudanza de ciudad, de escuela, etcétera). Si los lavas, terminan tus preocupaciones. Aunque eres el/la nuevo(a) en el cole o el barrio, sabes ganarte amigos.

➤ Si están sucios, deformes o enfermos anuncian tristezas; si están mordidos, celos o envidia. Si atados, tus enemigos toman ventaja; caminar descalzo(a) indica timidez. No te presiones. Recuerda que unos te dicen "te quiero" el primer día y otros tardan siglos en declararse.

Playa

⟹ Si sueñas que estás en la playa mirando el mar, van a ocurrir cambios importantes en tu vida; si estás en el agua mirando la playa, regresas a una situación o sitio que te es familiar. Es una fase de adaptación y aceptación de cambios.

⟹ Si estás relajado(a) en una playa, tendrás paz y tranquilidad en los próximos días. Vivirás menos estrés. Te pegas a la TV o a los videojuegos todo el día hasta que los ojos te quedan cuadrados.

Pleito, riña, discusión

⟹ Éxito. Conquistar es asunto de paciencia: un día, un "te ayudo con eso"; otro día, una sonrisita desde lejos y una bailada en una fiesta otra noche. ¡Verás cómo, sin darte cuenta, le empezarás a hacer falta y no podrá vivir sin ti!

⟹ Pierdes interés por actividades o personas. Por ejemplo, aprendes una forma de evasión que consiste en ponerte a un metro de tu madre y aparentar que no vas con ella al centro comercial.

Polvo

➡ Si ves cosas con polvo, has sido dejado(a) y fodongo(a) con algunas cosas que te pasan factura. Descansar, ver tele y levantarse tarde puede ser divertido, pero realmente, las cosas como son: no vas muy bien en los estudios.

Precipicio

➡ Si no te caes en él, los problemas los vas a torear bien para que no te afecten. Piensas en positivo: "Voy a poder, esto no puede ser tan difícil, yo soy inteligente, voy a sacar adelante este reto."

➡ Si caes en él, ten cuidado con todo lo que tenga que ver con una sociedad, grupo, organización, equipo. Evita discusiones que no lleven a nada y que sólo dañan tu relación. Discúlpate cuando sea necesario, nada te quita y ganas mucho.

Prisas

➡ Significa que no te sientes preparado(a) para un acontecimiento. También representa un estado de estrés, tienes la sensación de que no te das abasto, que no dispones de tiempo suficiente para abarcar todas tus actividades. Haz una lista de las cosas que tienes pendientes para que puedas tener orden y, seguramente, recuperarás la materia en la cual no estás muy bien.

Prisionero

➡ Una situación o relación te impide ser tú mismo(a). Experimentas pérdida de libertad en algún aspecto de tu vida.

➡ Por otra parte, representa sentimientos de vergüenza y culpabilidad. Este sueño te dice que dejes de castigarte a ti mismo(a). Cuando no aceptes tus defectos, ¡acuérdate que nadie es perfecto en este mundo!

Puertas

➡ Si se abren, son caminos nuevos para avanzar por otros rumbos. ¿Crees en el amor a primera vista o tienen que volver a pasar delante de ti?

➡ Si se cierran es lo contrario. Si sales por ellas, es síntoma de agobio y no encontrar salida. Por ejemplo, cuando dices mentiras sobre lo que te gusta hacer para poder entrar en el grupo de los más populares de tu colegio.

Pulpo

➡ Timidez. La gente te querrá por tu carácter dulce. Eres un encanto puro con cubierta y relleno de chocolate.

Quemar

→ Si se quema un objeto, forraje o casa, es mal presagio de preocupaciones económicas, separaciones o rupturas, salud delicada para ti o amistades o de la familia. Si alguien se quema, significa asuntos peligrosos y complejos; si eres tú quien arde, representa sufrimientos morales y desamparo. Haz un recuento de lo que ha sido tu vida. Revisa los momentos más significativos y cómo los superaste. Te ayudará a enfrentar estos nuevos retos.

Queso

→ Ganancias y beneficios. Una plática entretenida y larga con un(a) chico(a) permite un segundo encuentro.

Quiebra

→ Mejoran tus condiciones de vida, eres más productivo(a); si juegas, tendrás suerte. Asumes lo que haces, dices o dejas de hacer. También tus errores, tus metidas de pata, sin estarlas escondiendo detrás de la terquedad. Después de todo, a los futbolistas no se les pueden reprochar sus metidas de pata.

Quimono

➡ Fascinación por los países orientales. Si usas uno, vences a tus adversarios empleando tácticas de valor y moralidad. Sabes decir "no" cuando los demás te quieren convencer de algo con lo que tú no estás de acuerdo o no quieres. Sigue el ejemplo del perro que, cuando orina, aprovecha para practicar karate.

Quitanieve

➡ Si lo conduces, te sobra valor para eliminar todos los obstáculos que se presenten. ¡A crecer, a crecer, que hay mucho por hacer! Si ves el vehículo, alguien te tenderá la mano en el momento que lo necesites.

Quitar

➡ Si te quitas la ropa, vienen nuevas situaciones muy favorables para tu vida y proyectos. Te apasiona algún tema o materia y dices que eso es lo que quieres hacer cuando seas más grande.

➡ Si quitas una mesa, significa preocupaciones familiares, separaciones o rupturas, posible divorcio y enfermedad; si te quitas los zapatos, pesares y separación. Sé un hijo(a) amoroso(a) y comprensivo(a). Comparte con tus padres, es el mejor regalo que puedes hacerles.

Radio

➡ Si lo que suena en la radio te gusta, en tu hogar vas a ser muy feliz. Tus padres van a consentirte mucho y a veces a preguntarte demasiado porque tú eres su adoración y quieren que estés bien.

➡ Si no te agrada y te pone nervioso, vas a oír las clásicas frases hechas que te repatean: "Hay que sufrir y trabajar para ganárselo", "cada cosa a su tiempo", "cuando seas mayor de edad harás lo que quieras".

Raíces

➡ Simbolizan la profundidad de tu inconsciente y alma. Representan tus valores y creencias, así como tus lazos familiares. Tal vez buscas algo en tu pasado, pues te gustaría vivir en una burbuja de cristal, donde siempre fueras la/el princesita/príncipe inocente.

Rama

➡ Estableces relaciones importantes o recibes buenas noticias. Te invita a salir un(a) compañero(a) de clase con el/la que te sientes muy bien al estar a su lado.

➡ Planes frustrados. Estás en desacuerdo con algo, pero no expresas tu opinión y terminas aceptándolo por temor a que te rechacen o a quedar mal con los demás.

Rana

➡ Prosperidad y suerte. Si tienes una ambición, haz algo todos los días para alcanzarla. Felicitaciones, lograste mejorar bastante tus calificaciones, ahora sí puedes dedicarle tiempo a jugar con tus amigos.

➡ Cuídate de los aduladores o de los problemas de salud. Un(a) lanzado(a) te promete amor eterno ¡el primer día! Y, al segundo, le da la amnesia total.

Rata, ratones

➡ Significa virilidad o éxito en una tarea que no has terminado todavía. Te concentras en hacer bien las cosas que te gustan y organizas mejor tu tiempo. Alistas tu mochila antes de acostarte, metes lo más importante: cuadernos, lápiz, pluma y un borrador. Duermes 20 minutos más temprano cada noche para que al día siguiente no tengas problemas para levantarte.

➡ Enfermedad, peligro, robo, pleito y problemas domésticos. Los asuntos relacionados con los estudios, se deterioran. Atrévete a reconocer que no entendiste algo, a pesar de que seas el/la más abusado(a) del salón, no te las des de sabelotodo y tranquilízate, ¡hasta los grandes genios pueden equivocarse!

Recompensa

➡ Amor correspondido o una ganancia espléndida. Disfruta de la felicidad que da estar enamorado(a). Traten de estar juntos las fechas especiales: cumples, carnaval, feriados, Navidad y Fin de año, etcétera.

Redes

➡️ Perdonas las fallas de una persona. Por ejemplo, los problemas con tu hermana(o) menor que te hace enojar, buscando darte la contra.

➡️ Confusión, incompetencia e intranquilidad porque te dejas llevar por las modas y piensas en "qué dirán los demás"; o cuando escondes que tú eres juicioso(a) con tus tareas porque pueden decirte que eres *nerd*.

Regalo

➡️ Si recibes el presente, bienestar y buenas noticias, conoces más gente y tu vida social se multiplica. Recibes ayudas extra para correr más rápido detrás de tus sueños. Si la escuela es un jardín y los alumnos las flores, los maestros... ¿Qué son? ¿El abono?

➡️ Si tú das el regalo, significa muestras de ingratitud. No puedes estar siempre presente para que no se cuchichee sobre ti, mejor dales la vuelta a los intrigosos.

Regreso de ausente

➡️ Volverás a recuperar las cosas o posiciones perdidas o te reconcilias. Colabora en las labores de la casa, organiza tu cuarto. Lograrás que tu mamá esté de nuevo contenta contigo y te sorprenda con una recompensa.

Relámpagos

➡ Triunfo en tus estudios. Haces las tareas sin que te lo pidan y no copias en los exámenes.

➡ Dificultades en la familia. Si tus padres no te tienen confianza, gánatela, demuéstrales que eres responsable. Respeta a tus papis, no seas grosero(a) ni agresivo(a). Confía en ellos. Siempre estarán ahí para apoyarte. Ayúdales cuando lo necesiten.

Religioso(a)

➡ Encuentras un oasis en tus afectos. También, cambias el rumbo de tus proyectos. No dejes de preguntarte ¿qué me gusta?, ¿cómo me siento?, ¿cuál es mi meta y ¿qué me gustaría ser para estar aún más feliz?

➡ Marca una etapa difícil y de cansancio. No superas los obstáculos y se repiten continuamente. Por ejemplo, tienes un amor platónico o uno muy real, por el cual te derrites y no dejas de preguntarte: ¿me quiere o no me quiere?; si le gusto, ¿me va a hablar?

Reloj

➡ El tiempo vuela, aprovéchalo. Deja colgado tu uniforme en una silla o percha. Ten listas tus medias o calcetines y zapatos para ahorrar tiempo durante la mañana.

Reptil

➤ Significa que hablan de ti enemigos ocultos. Actúa con cautela. Para descubrirlos, hazles preguntas acerca de sus opiniones y valores. Pon atención a lo que te dicen y lo que no te dicen. Leer entre líneas te da un vistazo a cómo se sienten ellos realmente acerca de tus cosas.

Rescate

➤ Si pagas un rescate, significa que eres egoísta y haces cualquier cosa por dinero, sea lo que sea. Recuerda que tus padres no están únicamente para darte cosas, también están para compartir contigo en familia.

Respirar

➤ Si respiras sin dificultad, vivirás situaciones favorables para tu progreso. Te juntas con los que saben, estudian y quieren ser mejores personas; como bien dice el dicho: "¡Dime con quién andas y te diré quién eres!".

➤ Si lo haces con dificultad, las situaciones se te escapan de las manos. No acoses al/a la buenérrimo(a) que te encanta. Mejor sé atento(a), gentil y educado(a), pero no lo/la persigas ni le hagas llamadas a su casa quedándote callado(a), ni le mandes mil *mails*.

Restaurante

➡ Si eres camarero(a), necesitas ayudar a las personas en todo lo que puedas. Entiendes que tus padres te enseñan muchas cosas y, por eso, les haces caso cuando te lo piden. No tienes que ser perfecto(a) en todo para ser un(a) buen(a) hijo(a), sólo desear ser el/la mejor hijo(a) para tus papás.

Rey

➡ Buen augurio, felicidad, éxito. Sabes cómo ganarte y conquistar a la gente con tu ternura. Aprendes a ponerte en los pantalones de los demás y entender por qué están sintiendo lo que están sintiendo. Eso se llama volverse comprensivo(a).

Rezar

➡ Tus obligaciones cotidianas las dejas a un lado, así que necesitas ponerte al día. Apenas llegues a tu casa, ponte a hacer la tarea. No te disperses. Anota en tu agenda lo que tienes que hacer y revísala. Toma apuntes de los nuevos materiales que tu profe te pida.

Río bravo

➡ Algún problema se avecina. Si lo navegas, llega un problema familiar que no te esperabas. Por ejemplo, si te peleas con tu hermano(a) y no se hablan. Es hora de tomar la iniciativa y disculparte con él/la, así él/ella también se disculpará contigo.

Río que entra a tu recámara

➡ En casa se recibe la visita de una persona rica y generosa. Aunque tal vez anda a mil, rodeada de celulares, palm y agendas, cuando está contigo la pasan genial. Dile que no se complique tanto y anímala a que pasen más ratos juntos.

➡ Si el agua es turbia, cuídate de un sujeto desagradable o de un enemigo. Cuando lo percibas, aléjate de él lo más pronto posible y ve con cuidado para no ponerlo bravo. Llénate de calma y no le saques el mal genio.

Río turbio

➡ Presagio de amor. Si él nunca ha ido a un spa o ella nunca ha ido a un estadio de fut, se regalan esa primera vez juntos. Él queda como seda luego de los tratamientos o ella entenderá el porqué de la pasión por ese deporte.

➡ Prepárate para enfrentar acontecimientos negativos. No te choquees. En la vida siempre pasan cosas buenas y malas, depende de ti disfrutar de las buenas y hacer que las malas no te derrumben, sino convertirlas en oportunidades.

Robo

➡ Recibes una herencia o dinero que no esperabas y tus bienes aumentan. Puedes invertir en entretenimiento, tecnología y complementos de moda.

Rocas

➡ Apuestas a una relación, comprometiéndote totalmente con una persona. O quieres cambios que te
aporten estabilidad a tu vida. Si subes una roca pro-
nunciada y llegas a su cima, podrás vencer muchos
obstáculos para lograr tus objetivos. Por ejemplo, si
vas perdiendo el año, te pones a estudiar mucho y
confías en que eres capaz de recuperarlo.

➡ Terquedad e infelicidad. Por ejemplo, vas en contra
de las normas de la sociedad por egoísmo o utilidad o
por el placer de no cumplirlas; o no pudiendo sopor-
tar las dificultades de la vida diaria intentas aliviar sus
problemas haciendo sufrir a los demás. "En casa nos
llevamos a patadas", Bruce Lee.

Rojo

➡ Indica una gran pasión y significa que existe sensibilidad en tus relaciones afectivas. Sacrificas un poco las
cosas que te gustan; ponte las pilas para conquistar a
tu amorcito y que caiga perdidamente rendido(a) a
tus pies.

Ropa

➡ Es muy buen augurio, ya que cosas buenas vienen
llegando. Por ejemplo, el/la chavo(a) que te trae
loquita(o), pero sólo conoces de vista, pues nunca le
has hablado, llega a pedirte tus apuntes para copiar-
los pues faltó al cole por una gripe.

Rosa

➡ Bondad, te sientes bien contigo y en tu medio hay amor, felicidad, ternura. Anuncia acontecimientos interesantes con el sexo opuesto. Por ejemplo, el/la hiperguapo(a) que te gusta acabó con su chica(o) hace poco y ahora está sólo(a). Espera a que esté mejor para decirle que lo/la quieres, sin que parezca precipitado.

Ruleta

➡ Dinero, fortuna. Sientes que eres capaz de muchas cosas y confías en ti. No te quedas esperando que las cosas sucedan por arte de magia, te pones las pilas y las haces tú mismo(a).

Sacerdote, cura, pope, rabino

➡️ Desconfía de la amistad que no te ayuda en tus problemas. Sabes que los verdaderos amigos están en las buenas y en las malas y se cuentan con los dedos de la mano. Quien un día te dice: "Yo soy tu amigo" y al siguiente le cuenta al colegio entero lo que haces y eso que te juró mantener el secreto, obvio, no es tu cuate.

Saco, gabán, tapado

➡️ Buena suerte y bienestar. Dices lo que piensas aunque te pongas colorado(a). Alguien te gusta mucho y crees que puede haber química entre los dos. Ya verás que en menos de lo que esperas serán una feliz pareja. ¡Suerte!

➡️ Actividad desafortunada. Por ejemplo, ¿qué haces cuando te enamoras? ¡Dejas el celular prendido 25 horas al día, esperando que te llame! También, ten cuidado de robos en el transporte público.

Saltamontes

➡️ Si los matas, encontrarás un objeto que dabas por perdido y por más que te exprimiste el cacahuate no atinabas a saber dónde lo habías dejado.

➡️ Si están vivos, significan problemas. Por ejemplo, te escondes detrás de un grandulón para que la maestra no te pregunte y ¡zas! Te pide que vayas al pizarrón.

Saltar

➡ Estás dispuesto(a) a arriesgarte para lograr tus objetivos. Te vistes con la pinta que te gusta, aunque a los demás no les parece *fashion*. Y eres capaz de aceptar que te equivocas para luego corregir el error.

➡ Si tienes que hacer un salto, pero no eres capaz, temes la incertidumbre. No te gustan los cambios. Prefieres dejarte besar por alguien que no te agrada, sólo para decir que tienes novio(a).

Salvar

➡ Si alguien te salva de una situación peligrosa o tu salvas a otro, representa un aspecto de ti que has abandonado. Si salvas alguien que se ahoga en agua, reconoces tus emociones que son simbolizadas por la víctima. Recuerda que conocerse, no es morirse.

Sangre

➡ Si sale de tu cuerpo, ya has luchado contra tus problemas. El dolor, peligro, el mal presentimiento, la vergüenza, el temor, la pena, la cobardía, dudas, los celos ¡forman parte de la vida! Lo importante es no permitirles que te manejen, que se hagan más grandes que tú y te impidan moverte o tener la total seguridad de que los puedes superar con optimismo, paciencia y alegría.

Sapo

➡ Recibes ayuda de gente importante. Puede ser el director de tu colegio, tu entrenador, un productor o un desconocido que se ha dado cuenta de lo que valen tus talentos y quiere impulsarte o allanarte el camino. Todo depende de cómo aprovechas la oportunidad.

➡ Escondes tu verdadera identidad y carácter. Debes tener más confianza en ti y dejar que tu belleza interior se vea. Como cuando copias una tarea, sabiendo que tú la puedes hacer mejor. Si matas al sapo, recibes alguna crítica por una ideota que acabas de llevar a cabo.

Sardinas

➡ Tiempos difíciles por un desacuerdo con un familiar. Escoge los mejores momentos para hablarle a esa persona sin rodeos sobre tus sentimientos. Si se pone brava, tú no te pongas furioso(a). Escucha sus recomendaciones y consejos. No se trata de parlotear ni de quién grita más, sino de llegar a un acuerdo.

Sartén

➡ Buenas noticias y reconciliación inesperada con persona querida. Así que dejas de huir de la familia aislándote en tu cuarto o hablando por el Messenger con tus amistades.

➤ Celos infundados. Por ejemplo, te gusta un(a) chavo(a), han hablado y hasta salido, pero un(a) chava(o) te pone furibunda(o) aunque él/ella ni la/lo pela.

Secuestro

➤ Si alguien te secuestra, te sientes atrapado(a) y restringido(o). Alguien o algo desvía tu atención de tus verdaderos objetivos. Por ejemplo, cuando no eres capaz de decir lo que sientes por miedo al rechazo.

➤ Si tú eres el/la secuestrador(a), retienes algo que debes dejar ir o quieres obligar a los demás a compartir tus opiniones. Le atribuyes sólo inteligencia a quienes están de acuerdo contigo. Luego, ¿por qué te llaman el/la controlador(a) impositivo(a)?

Selva

➤ Algunos aspectos de tu personalidad están reprimidos o eres exhibicionista. Por ejemplo, si te pones ropa más ancha para que esconda tu cuerpo o no te paras derecha y escondes tu pecho.

Semáforo

➤ Vas a tener que estar con los cinco sentidos alerta, porque algo te va venir inesperado y debes saber reaccionar. Por ejemplo el /la chavo(a) de tu escuela que te gusta y con el que sólo hablas por teléfono o por el chat, porque al tenerlo enfrente te quedas muda(o), ya que temes no agradarle o que te rechace, te invita a su fiesta de cumple.

Senos

➡ Si un bebé toma el pecho, señala felicidad. Si el seno de otra persona toca tu cuerpo, lo que te ocurra está muy relacionado con la influencia positiva de amigos, familia y compañeros. Por ejemplo, tu hermano, quien es muy simpático, es también amigo de tus amigos. Suele recogerlos a todos saliendo del colegio, de la fiesta o del deportivo. Cuenta chistes y todo el mundo lo quiere mucho.

Serpiente

➡ Vitalidad, sabiduría. Si la matas, tendrás la victoria sobre tus enemigos. Por ejemplo, cuando quieres darle un pellizco o mordisco a uno que te está provocando, pero logras controlarte y hacer que él pelee solo.

➡ Si te ataca, señala traición de la persona menos esperada o peligro de ser seducido(a), quizás por un Rabo Verde: el tipo que se cree un galanazo y anda tirando polilla.

Sexo

➡ Si ves el sexo anormal (demasiado pequeño o grande o sin vello) de una persona del sexo contrario, serás infiel. Tienes ansia por salir de una relación que te compromete u oprime. Por ejemplo, tu novio(a) es tan empalagoso(a) que ya nunca ves a tus amigos, porque siempre estás con él/ella. Y si no haces lo que quiere, te conviertes en el/la malo(a) de la película.

Sexo (con tu ídolo/a)

➡️ Buscas en el/la famoso(a) lo que tu chico(a) no te da o necesitas sentirte especial. Háblalo con tu amor para que se aplique o mejor ahí la dejas.

Sexo (con una persona que no es tu chico/a)

➡️ Fantasía sin importancia. Es una manera de salir de la rutina, de la monotonía. Por tanto, como pareja tendrán que ser más juguetones y creativos. Recuerda: el corte depende de la confianza que le tengas.

➡️ Insatisfacción física en tu relación, por lo que dudas seguir con tu pareja actual. Aquí, de plano, no hay química y, de seguir, tarde o temprano, alguno le va a poner el cuerno al otro.

Silla

➡️ Ver gente sentada en las sillas significa ganancias a través de tus padres, tíos o abuelos. Así que ya tienes para las entradas del cine, para la música que alimenta tu iPOD y hasta para un videojuego.

Simio

➡️ Advierte sobre un engaño o de barreras en el terreno amoroso. Indaga qué hace tu cautivador(a) cuando no está contigo. Puede que te lleves una sorpresita. No se trata de cocinar broncas, sólo de enterarse de las netas del planeta.

Sirena

➤ Representa la parte femenina de ti mismo(a) que es misteriosa y secreta. Es tu parte creativa, así que deja volar tu imaginación y decídete a empezar cualquier idea o proyecto.

➤ Simboliza miedo al sexo. Si eres hombre, temes ser dominado por tu parte femenina. Si eres mujer, dudas de tu feminidad. En ambos casos, para salir de cualquier rollo, pregúntate qué te pasa, quiérete y confía mucho en ti.

Sobrino(a)

➤ Buenos augurios para mejorar tus relaciones familiares y afectivas, porque aunque te dan ganas de hacer una pataleta y gritar como desaforado(a) ite las aguantas! También significa que aumenta tu economía.

Sombrero

➤ Actúas inteligentemente. Si te cambias de sombrero, señala que renuevas tus ideas, recibes buenas noticias o de un matrimonio. Por ejemplo, te levantas solo(a) por la mañana y no necesitas que tu mamá grite por toda la casa rogándote que te pares, pues te estás volviendo una persona grande.

➤ Frivolidad, eres voluble. Intentas esconder algo. Por ejemplo, por insegura sólo tienes amigas feas.

Sopa

➡ Si la das a algún enfermo, riqueza. Si estás enamorado(a), te promete felicidad duradera. Será un romance arrollador, sincero, pasional y sin prejuicios. Si tú tomas la sopa, tus verdaderos(as) amigos(as) estarán para lo bueno y malo siempre apoyándote, de forma desinteresada.

Sorpresa

➡ Si la sorpresa es buena, en tu vida real será todo lo contrario. Por ejemplo, descubres que tu ciberamor tiene todo un ciberharem y que a todas les decía la misma frase gastada de: "El .gif que anima mi vida". Pero ten por seguro que en la vida real tiene la cara deformada por granos y espinillas. ¡Ufff de la que te libraste!

Sorteo

➡ Si cuando al despertar recuerdas los números que has jugado, es buena señal. Juégalo pues de seguro te toca sacarte la lotería, el melate o aunque sea la tómbola de la kermés.

Subir

➡ Superas una gran lucha. También significa que tus objetivos son alcanzables. La felicidad está en tus manos. Visualiza en tu mente lo que quieres para que se haga realidad.

Suciedad

➤ Si limpias la mugre, venga lo que venga, estás preparado(a). Tienes la fortaleza de un superhéroe que te permite sobreponerte a los momentos difíciles.

➤ Si no haces nada, un bravucón quiere hacerte la vida imposible aprovechando que te ve más débil. Que no te intimide, tienes personas que te quieren y te ayudan si estás en peligro, ejemplos a seguir y grandes cualidades.

Suegra

➤ Anuncia peleas por intereses, celos, desacuerdos familiares y distanciamiento afectivo. No tienes por qué sentirte como bicho raro si algo malo sucede o estás muy triste porque algo te pasa. Pero puedes hacerte más fuerte sacando la parte cómica de cada situación, una risa no está de más. Por ejemplo, si tu novio(a) terminó contigo, no es el fin del mundo. Dedícate a ti mismo(a) y a conocer a alguien más.

Suicidio

➤ Deseas eliminar una parte de tu personalidad para renovarte o reinventarte. Sabes que es bueno derretirse con las cosas buenas de la vida, pero a veces hay que dárselas de paleta y ser más frío(a) y calculador(a).

➤ Te encuentras depre y esto te genera ideas de muerte, agonía, crisis, destrucción. Sientes que el mundo se te viene encima, que te pasan cosas terribles y que las pilas se te acaban y ya no tienes energías. Sin embargo, todo tiene solución o una cara más amable. Por ejemplo, si tus papás se separaron, siguen siendo tus padres. Ambos pueden ser tus grandes amigos y están para apoyarte. Dales un gran regalo queriéndolos mucho y tratándolos bien. Además, ahora vas a tener dos casas.

Supermercado

➡ Si está lleno de alimentos, significa ganancias, te sientes satisfecho(a) de tu vida y de ti mismo(a). ¿qué te parecería regalarte un mp3, *notebook* o una tarjeta?

➡ Si los alimentos están en mal estado, vienen tiempos difíciles. Debes entender que mamá y papá no son una fuente inagotable de recursos. Así como que la tarjeta es sólo una forma simple de gastar dinero, pero no se paga sola.

Tarántula

➡ Significa protección contra calumnias. Ni te preocupes si haces las cosas bien, eres responsable de tus actos, te respetas a ti y a los demás. Por ejemplo, no tumbes árboles porque uno puede ser el abue de Pinocho.

➡ Engaños, deslealtades, inapetencia. Alguien te está preparando una trampa. Si la matas, conocerás a tu enemigo. Perspectivas negativas de salud o placer. Te decepciona una historia de amor. Por ejemplo, con el chico que sentías tenían chispa se le ocurre declararse y lo hace, pero le sale una voz ¡mezcla de pito, gallos y ronquera, todo en la misma frase!

Tatuaje

➡ Tenerlo significa que llegan grandes cambios a tu vida que hace tiempo te faltaban. Por ejemplo, como te estás haciendo grande, ayudas a tu mamá sacando la basura por la noche o dejas de ser caprichoso(a) y pedir cosas que a tus papás les cuesta mucho comprarte o no necesitas.

Teatro

➡️ Te dejas manejar por otras personas y no actúas según tus creencias. Careces de confianza en ti mismo(a) y haces cosas para llamar la atención. Incluso temes se descubra tu secreto. Por ejemplo, ocultas tus sentimientos. Si estás triste, dices todo el tiempo que estás bien.

Techo

➡️ Significa protección de tus bienes, la seguridad de tu familia y el hogar. Si el tejado está en buen estado, indica armonía y serenidad; si lo ves en reparación, puedes recuperar tus estudios. Después de todo, dices que eres estudiante cuando te preguntan por tu profesión, jejeje.

➡️ Si el tejado está abandonado, indica mala fortuna, angustia y fracasos; ver que se desmorona, anuncia enfermedades o pérdidas; si cae, ten cuidado con tus proyectos, pueden fracasar antes de empezar. Recuerda que la confianza mata al hombre y embaraza a la mujer.

Telaraña

➡️ Solucionas pronto un problema sin importancia. Por ejemplo, bajarle a alguien lo *happy* o el quedarte en tu casa renegando porque no puedes salir.

➡️ Te ofuscas. Por ejemplo, lloras sin parar, no comes ni duermes porque te da pánico cómo hacer amistades nuevas al irte a vivir a una nueva ciudad o barrio.

Teléfono, celular, fax, videoconferencia

➥ Si oyes cómo suena el teléfono, te llega una noticia importante.

➥ Si te llaman para darte una grata sorpresa, las cosas marchan por buen camino. Saboreas la vida o los sucesos porque sabes que de a poquitos te duran más.

➥ Te dice que estás en estado de angustia por no querer enfrentar un problema. Por ejemplo, dices que algo te gusta, pero en realidad te parece horrible.

Televisión

➥ Si está apagada, es un presentimiento de que algo malo va a suceder; si está encendida, la gente de tu alrededor no tiene nada que hacer más que criticarte. Has oídos sordos a esos *lapsus brutus*. Están más vacíos que un globo de cantoya.

Terremoto

➥ Mantente con los ojos bien abiertos, porque tu vida puede cambiar drásticamente de un momento a otro. ¡El amor ciego salta a la vista!

Tiburón

➥ Un sentimiento fuerte te amenaza, pero superas las dificultades. Cuando te enfrentes a una situación así, por más difícil que sea, piensa en tus habilidades y en las posibles soluciones al problema, verás cómo todo empieza a estar mejor.

Tierra

➡ Si está cultivada, promete ganancias que te harán sentir una súper *star* y pensar en rosa. Por ejemplo, adquiriendo el nuevo tono buzz o mosquitotone (el tono del mosquito) para tu celular, para enfado de los profesores que no pueden oírlo.

➡ Si el terreno está abandonado, anuncia fracasos y dificultades; si tú estás cubierto(a) de tierra, significa humillaciones y penas amorosas; si es de color terracota, se aproxima una decepción. Mantén tu independencia para que seas capaz de actuar por ti mismo(a) y practica cada día los valores que te enseñaron.

Tigre

➡ Poder, belleza salvaje y fuerza sexual. Superas dificultades y logras lujos, ¿será que te vas a convertir en una nueva Britney o sólo te vas a comprar un iPOD nano en tu color favorito o cambias tu *look* por uno deportivo, moderno o extravagante?

Tiro

➡ De un arma, significa que tienes ambición y sabes cuáles son tus metas. Tus planes son acertados. Por ejemplo, aprovechas que estás terminando el cole, haces una lista de las cosas que quisieras hacer en vacaciones y te pones pilas para sacar las mejores calificaciones en los exámenes.

Si tú disparas a otro, expresa tus sentimientos agresivos o enfado hacia esa persona, ¿lo quieres depilar con unas pinzas saca cejas? ¡auch! Si alguien te dispara, significa que te confrontas con alguien. Tal vez te sientes víctima de una situación. No sabes si cortarte las venas o dejártelas más largas.

Títeres

Posees la virtud de la prudencia. Por ejemplo, sacrificas parte de tu tiempo libre para dedicarte a tus responsabilidades. Como quieres que los demás te respeten, evitas la pereza.

Te advierte que desconfíes de la propuesta de un(a) galán(a). Pon atención a esta bomba informativa: a los príncipes azules ¡les huelen los pies!

Torero

Si tú mismo(a) lo eres o ves a uno(a), significa que tienes valentía y te atreves a soluciones arriesgadas para problemas delicados y profundos. Por ejemplo, eres leal a tus creencias o amigos, aunque pueda rechazarte gente que no simpatiza con ellos. Te mantienes firme, controlando tus actos y emociones al expresar lo que piensas y sientes.

Tormenta

⟶ Representa las fuerzas creadoras, la fertilidad y la reproducción. Es decir, es tu instinto maternal el que habla. El trueno y el relámpago, simbolizan la destrucción o regeneración de las situaciones. Por ejemplo, tu noviazgo termina o se reforma por completo. La química o afinidad puede ser mucho más que una atracción física, quizás es amor de verdad.

Toro

⟶ Fertilidad y fuerza. Promete éxito en los asuntos amorosos. Te cambia el humor, la cara, el mundo. Te hace soñar con una boda súper chiquita y romántica.

Tortuga

⟶ Progresas de forma lenta, pero segura. Aconseja no vayas tan rápido para lograr tus objetivos. Por ejemplo, durante meses no pronuncien la palabra "novios", mejor vayan conociéndose pues ya habrá mucho tiempo para llamarse como quieran.

⟶ Pretendes protegerte, evadiéndote de la realidad. Es duro fracasar en algo, pero es mucho peor no haberlo intentado.

Traición

⟶ Si tú traicionas, recibes la herencia de alguien que no esperabas, porque hace mucho que no la ves y ya ni te acordabas de esa persona. Has el *download*.

➡ Si tú eres el/la traicionado(a), vas a perder a un(a) buen(a) amigo(a) por tu culpa, pues lo(a) has negado con el fin de pertenecer a una pandilla. Finges ser de una forma que no va contigo. Recuerda que los mosquitos mueren entre aplausos.

Tren

➡ Tienes seguridad en ti mismo(a) pues tu vida va en línea recta. Te cortas las uñas, te peinas, te lavas los dientes y cumples con todos los hábitos de aseo personal porque sabes que eres el/la dueño(a) de tu cuerpo y no dependes de lo que te dicen los demás. Compartes momentos divertidos con tus padres y hermanos. Buscas soluciones a tus problemas. Encuentras alguien que te ayude.

Túnel

➡ Si es oscuro, tu pareja vuelve; si es corto, llegan nuevos amigos; si andas por él, te topas con una tentación irresistible. Es bueno disfrutar cada momento al máximo, pero recuerda que los excesos pueden ser malos. Aunque digan los borrachos que son deportistas, porque aún tratan de conseguir la copa.

Turquesa

➡ Llegan nuevas oportunidades y concluyes con éxito tus proyectos. Es señal de buena suerte. Por ejemplo, con tu chico(a) juegas al/a la amigo(a) secreto(a) en el cole, se divierten, pero sin descuidar sus materias.

Unicornio

➡ Promete viajes y nuevos proyectos. Si vas a hacer algo por primera vez, imaginas que ya lo has hecho, poniendo tus cinco sentidos, culminando con éxito. La mente no diferencia entre lo imaginado con mucho detalle y lo real. Lo confunde. Sabes relacionarte con quienes te rodean. Si viajas, sigues hablando con tus amigos y consigues otros nuevos.

Uniforme

➡ Si otro lo viste, significa que te estás formando según las exigencias de los otros o es hora de que dejes de destacar, porque vas en contra de los intereses de los demás. Es posible que tengas un papá estricto cuasi ogro que te jala las orejas cuando te portas mal, te limita los permisos, decide lo que se hace dentro del hogar y te enseña cómo debes comportarte dentro y fuera de casa. Hay ocasiones en que sientes que se pasa de la raya con los regaños o al negarte permisos.

Uñas

➡ Si se rompe una uña, quieres evitar una situación o responsabilidad; si te pintas las uñas, te interesa el glamour; si te crecen con rapidez, vas a contactar con una persona. :-@ (indica: estoy alucinando o gritando).

➡ Si te las muerdes, tienes un problema que te resulta difícil de resolver porque no confías en ti y en tus capacidades. Por ejemplo, te pones nerviosa(o) cuando hay chicos(as) alrededor. Incluso, cuando no te gustan. Y cuando te agrada uno(a), te trabas al hablar con él/ella.

Uva

➡ Éxito y promoción, opulencia y riqueza. Así que puedes comprar canciones en la internet y regalitos en línea. Si las comes, prosperidad y fortuna; si las recoges, tu esfuerzo será recompensado. Beneficio y la realización de tus deseos.

Vaca

➡ Significa docilidad y productividad. Promete la realización de esperanzas y deseos. Por ejemplo, conociste a un(a) cibergalán(a) por mensaje de texto y durante un mes se contaron sus vidas a través de un celular. Mensaje iba, mensaje viene y un día se conocen cara a cara. A los pocos días, son novios.

Vacaciones

➡ Representa tu necesidad de tomar un descanso. Una parte tuya desea escapar de sus responsabilidades, tenderse panza al sol y chapotear en el mar o pasarte una semana durmiendo como marmota.

Vampiro

➡ Si no les tienes miedo, te va a llegar algo interesante porque quieres ser y sentirte diferente, que no te pongan un número o te den órdenes. Esos colmillos que relucen pueden ser dos nuevas joyas en tu vida.

➡ Advierte de una enfermedad. No sabes por qué eres así, de dónde vienen esas ansiedades ni por qué te hierve la sangre.

Vaso

➡ Si tiene líquido transparente, es un buen augurio de éxitos y deseos cumplidos en el amor. Tu noviazgo es perfecto. ¡Escurren baba cuando se ven! Si recibes un vaso de agua, anuncia un nacimiento o siempre se te ocurren cosas nuevas para hacer.

➡ Si se derrama el agua, habrá algún contratiempo en un parto; si está vacío, anuncia caos. Échale ganas, tienes la cancha libre para llenarlo de agua fresca.

Vela

➡ Triunfo en el amor, salud y buena suerte, grandes esperanzas y concretas proyectos. Eres el/la consentido(a) en casa y te gusta compartir con tus padres.

➡ Colaboras con los deberes y cumples con tus obligaciones. No desesperas a tu mamá a la hora de la tarea.

➡ Si su llama humea, anuncia que estará malito un familiar. Visítalo para animarlo o infórmate sobre su recuperación.

Vello

➡ Si eres hombre, representa la fuerza masculina, la virilidad, la potencia sexual. Vamos, hablamos de ¡superman!

➡ Si se pierde pelo o te afeitas, anuncia problemas de salud. Si eres mujer y crece en lugares extraños, significa inestabilidad en las relaciones amorosas. Pasan mucho tiempo juntos, los celulares de los dos agotan sus créditos en pocos días y siempre hay algo que contarle al otro. Pero, aunque planifican demasiado, de repente se aburren y dejan una puerta abierta al futuro.

Ventana

➤ Es una esperanza, una visión de que hay más lugares por descubrir y conquistar, más allá del encierro de lo conocido y seguro. No te pases los días enteros con la nariz metida en los libros o pegado a tu computadora sin salir de casa, pues aunque conoces los sitios más extravagantes de la red, este sueño te invita a moverte e ir por aire fresco.

➤ Significa grandes esperanzas y posibilidades. Te encantaría encontrar a alguien y estar tan enamorado(a) como para decirle que quieres compartir con él/ella toda la vida.

➤ Si está cerrada, deserción y abandono. En algunos momentos, es bueno hacerle caso a la razón, pero a veces también resulta divertido dejarse derretir de emoción. Si está sucia, te estás complicando la vida en tus relaciones, aviéntate a decir lo que sientes.

Verde

➤ Crecimiento, madurez y serenidad. Existen proyectos que te entusiasman. Obtienes gran placer de las cosas sencillas. Parece que vivieras en otro planeta. Andas elevado(a) pensando en tus cosas.

Vestido

➡ Es tu propia imagen, si te vas a comprar algo nuevo (por ejemplo, un microtop) es porque necesitas estar guapa por algo que tú sabes. Si te pruebas un vestido, vienen grandes celebraciones.

➡ Si eres hombre, y te pones y quitas la ropa ¡cuidado!, tu reputación está en juego. Temes que te hagan daño o se burlen de ti si actúas de forma diferente.

Viaje

➡ Necesitas un cambio radical en tu vida y pensar más en ti, porque nada te conmueve y todo lo enfrentas con una actitud fría o congelada. Eres de los/las que necesitan mil razones para comerse un chocolatito.

Vidrio

➡ Significa traición, desconfianza y engaño en tu grupo de amistades. Escudados en el "ser uno mismo", se atropellan los unos a los otros, sus sentimientos y su espacio. Conviene hacerles ver que deben añadirle sensatez a la sinceridad para no caer en la idiotez sincera, que no por ser sincera, deja de ser idiota.

Viento

➡ Si es suave, promete que lo que te propongas en la vida lo vas a conseguir por ti mismo(a). Habla de tu capacidad de adaptación, de ser ligero(a) y movedizo(a).

Si es muy fuerte, significa que estás preocupado(a). Recuerda que un día triste cambia con una taza de chocolate caliente y una buena película. Si se vuelve huracán, ponte a ver qué o quién te hace enojar y dale un soplido de simpatía.

Vino

Si lo bebes, significa festividad, celebración y sociabilidad. Si lo sirves a tus amigos: repartes alegría y buen humor. Recuerda: el que reparte y comparte, ¡se queda con la mejor parte!

Si rompes botellas de vino, te advierte que te has excedido en tus deseos y pasión por lo que te arriesgas a poner la palabra *the end* en tus asuntos o relación. También, puede ser que acabes tronando con el/la galán(a) no porque él/ella sea un sapo, sino porque tú eres un(a) kamikaze emocional.

Virgen

Hay alguien desde el más allá que cuida de ti y te protege. No te hagas que la virgen te habla y dale más cariñitos a tu noviecito(a).

Volar

Representa una sensación de libertad, ofrece buenos presagios. Instintivamente, conoces las metas de tu vida. Sea el amor, un sitio en la vida, fama o fortuna, sabes cómo realizarlas (volarás por encima de los obstáculos). Si es un sueño repetitivo, indica gran fortuna. También, tiene significados sexuales (orgasmo, dejarte llevar por tus sensaciones).

➡ Si vuelas con forma humana, encontrarás la felicidad y el éxito de manera natural. Si eres un pájaro, tendrás mucha suerte en la vida. Si vuelas demasiado alto, bájate de tu nube y pon más atención a tus tareas.

➡ Si vuelas demasiado bajo, tal vez esa(e) novia(o) no te pela... consíguete otra... ¡next!

Vómito

➡ Vas a tener una pelea con un(a) amigo(a) o padeces falta de confianza en ti mismo(a) e imitas todo lo que hacen los demás. Por ejemplo, cuando haces cosas que no te gustan por complacer a los demás o no vas a una fiesta dando razones falsas.

Votar

➡ Si votas por alguien o algo, dices lo que piensas y defiendes tus opiniones. Por ejemplo, si en el cole te molestan mucho tus compañeros(as), hablas para ponerles un alto y les dices que no te sientes bien cuando lo hacen.

Z

Zanahoria

➡ Felicidad en todos los aspectos de tu vida; como buen conejo, ¡híncale el diente!

Zapatos

➡ Representan tu actitud hacia la vida y tus convicciones. Si los cambias, significa que estás dispuesto(a) a variar tu conducta ante nuevos acontecimientos o personas en tu vida.

➡ Si se te olvidan, quieres dejar atrás algunas ideas; si son viejos, te promete que a través de mucho trabajo logras tu objetivo. Por ejemplo, terminar tu carrera.

➡ Nuevos, significa que no debes estar tan seguro(a) de tu éxito. Recuerda que "del plato a la boca, se cae la sopa".

Zorro

➡ Si lo matas, superas una amenaza. Evitas regarla. Por ejemplo, zafarte de las faldas de tu madre que se resiste a creer que has crecido.

➡ Hay un(a) enemigo(a) o rival entre tus amistades. Lo puedes detectar fácil, es de los que rumorean así: "No te lo vas a creer, me dejas estupefacto(a), lo siguiente que te voy a contar es totalmente cierto...", y si los demás le creen, tus relaciones podrían irse a pique.

Esta edición se imprimió en marzo de 2009, en *Acabados Editoriales Tauro, S.A. de C.V. Margarita 84, Col. Los Ángeles, Iztapalapa, C.P. 09360, México, D.F.*